恋するしまうた 恨みのしまうた

宗根幸市

ボーダー新書
002

まえがき

〈しまうた〉探求の旅より

しまうた（民謡）の採集と解明は推理ドラマにも似ている。なぜなら、あるテーマを追いかけ、関連ある情報、資料、証言を集め、一つひとつ積み上げながら謎を解いていくからである。琉球弧のしまうたは多彩である。くらしの中で展開する歓びと悲しみの歌たちは、まさしく庶民の生活真意を反映している。

わたしは、長年、しまうたが連なる琉球弧の島々に渡り、数々のしまうたの謎を追い続けてきた。

例えば――

「国頭《くんじゃん》サバクイ」は万人を奮い起こす沖縄の代表的木やり歌であり、踊りを伴う民俗芸能である。発祥は、国頭村奥間。ところが、首里王府へ献上する木材の伐採地が「なごー（なご）山」と発音することから、この歌や芸能の発祥地を「名護」とする主張が、沖縄芸能界では長く支持されていたのである。当然奥間の人々や同地と交流してきた人たちからも疑問の声が挙がっていた。わたしは、奥間を訪れ、「国頭サバクイ」の謎の解明を目指した。そしてこの芸能が山原に留まらず、海を越えて大きな広がりを見せていることを知ったのである。

またある時は――

およそ四〇〇年前、日本（ヤマト）からやってきたチョンダラー（京太郎）なる遊行芸人たちは、社会の底辺で呻吟しながら差別や侮蔑に耐え、念仏を唱え、現世の苦しみを浄化させてきた。彼らは首里城下のアンニャムラ（現首里久場川町の一角）を拠点とし島々を行脚したという。わたしは、「最後のチョンダラー芸人」と言われた〝クガニマヤー〟の遺族を捜し出し、聞き取り調査をした。その話から非凡なクガニヤマーの活躍が浮かび上がってきた。

他にも沖縄島北部の羽地内海で花開いた恋の歌「ヨーテー節」、粟国島がルーツの舞踊としても有名な「むんじゅる節」、渡名喜島の一大行事「シマノーシ」で歌われる壮大な神歌……。沖縄の島々には数多くのしまうたとそれにまつわる謎がある。

わたしのしまうた探求は、奄美諸島にも及んだ。

道の島・奄美は、物語歌が圧倒的に多い。物語歌とは抒情歌と物語が一体となって歌われるものである。抒情歌といっても自分自身の悲しみや哀れさを歌っているのではなく、同じ社会の、ある人物の悲しみや哀れさを歌っている。だから半抒情歌と呼んだ方がいいだろう。悲運の死を遂げた女性を歌った「かんつめ節」でも、「かんつめ姉ぐゎが明日死のしゃん夜や（かんつめ姉が明日死のうとした前夜は）」と、客観的叙述で表現している。この歌は夜は歌わないのが習わし。奄美の夜は魔物に襲われそうで怖い。しかし闇夜は想像力を豊かにする。ましてや陰惨なかんつめの歌や「いまじょう小」の「呪いと逆さ竹」のような怪談ものは、身の毛がよだつほどだった……。

本書は、かつて、わたしがしまうたを探求するなかで、現地におもむき知りえた様々の謎の解明をまとめたものである。しまうたは、黒潮の流れにのり、島々を旅をするかのように伝播する。したがって、しまうた探求者もまた旅を続けるのである。

著者

目次

■沖縄編

旅する〈国頭サバクイ〉　山原……9
「なご山」の真実に出会う　ヨンシー踊り　芸能は流転し変容する
木やりのドラマ　首里城の再建と国頭サバクイ
恋する〈ヨーテー節〉　羽地内海……25
歌マジムンの島　恋歌遊行　恋愛詩点景　浜辺のうたげ
緊張感漂う〈むんじゅる節〉　粟国島……45
粟がなしの島　歌がたり　海を渡った名歌
壮大な〈シマノーシ〉＝島直し　渡名喜島……57
渡名喜紀行　シマノーシのオモロ　神々を迎えるシマノーシ
ニライカナイとオボツ山
ラスト・チョンダラーの行方　さすらいの芸能・京太郎……69
最後のチョンダラー芸人・クガニヤマー　クガニヤマーの足跡　首里からやんばるへ
クガニヤマー翁と豊年祭　さすらいの芸人 チョンダラー考

■奄美編

恨みの断崖〈山と与路節〉考　与路島……85
流刑の島の記憶　間切分け
世にも哀しい〈かんつめ節〉物語　奄美大島……93
悲運のかんつめ　凄惨な死　歌と物語
怪談〈いまじょう小〉　奄美大島……109
いまじょう小伝説のタブー　呪いと逆さ竹　閉ざされたシマ
悲歌〈うらとみ〉、あるいは〈むちゃ加那〉物語　奄美大島　加計呂麻島　喜界島……123
さまざまな伝承　歌が先か、物語が先か　骨格はいかにつくられたか
漂泊感溢れる島じまへの旅　与論島　沖永良部島　徳之島……143
〈与論小唄〉「十九の春」のルーツ　エラブユリの香り
〈犬田布嶺節〉　沖永良部島　流人の歌声
〈昔いきんとう〉と糸満売りの真実　与論島……161
「誠 打ち出しょり」　イチマンウイ（糸満売り）
エーマウイされた同級生
後書き……174

沖縄・奄美　しまうた関連地図

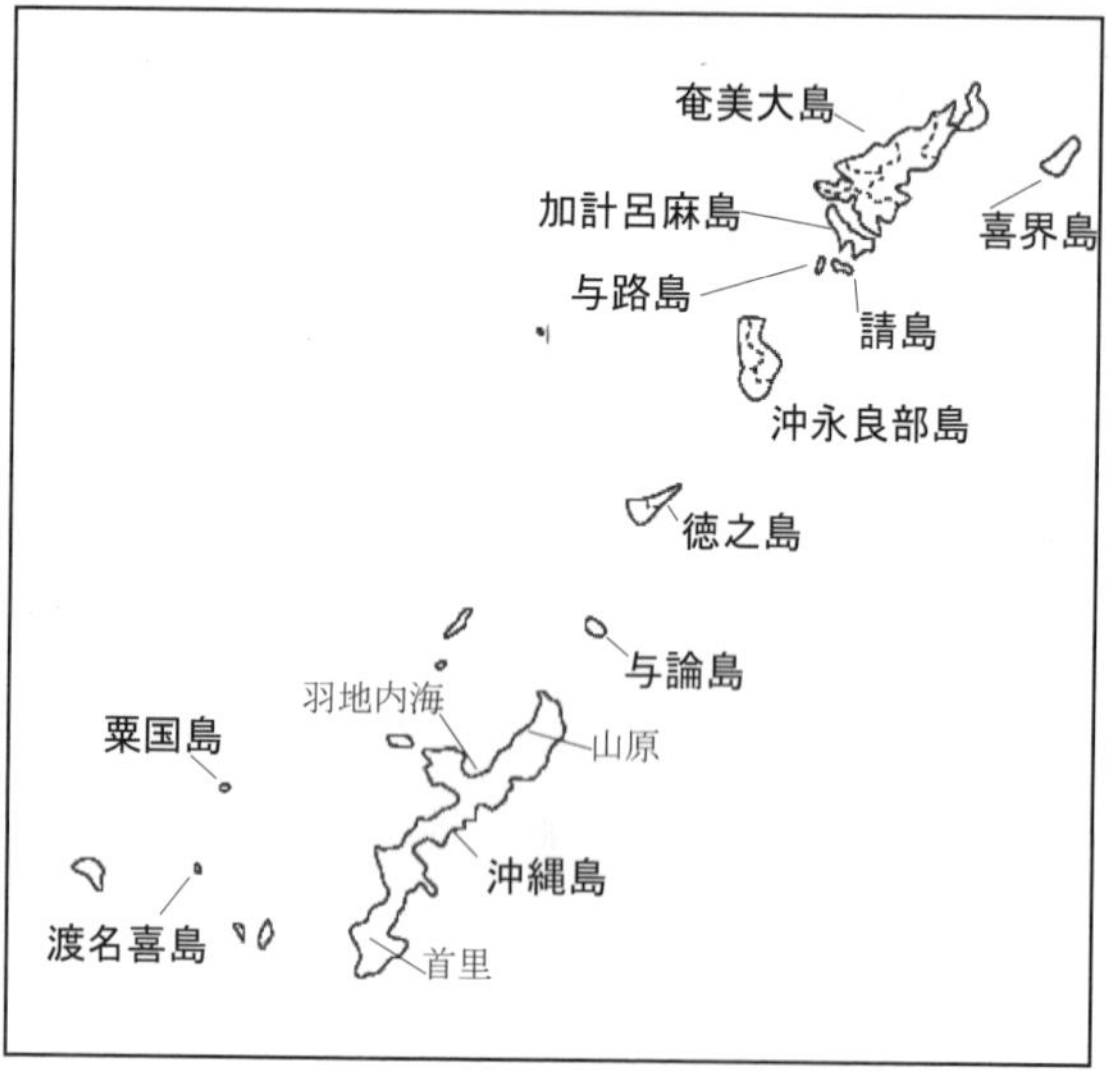

■沖縄編

旅する〈国頭サバクイ〉　山原

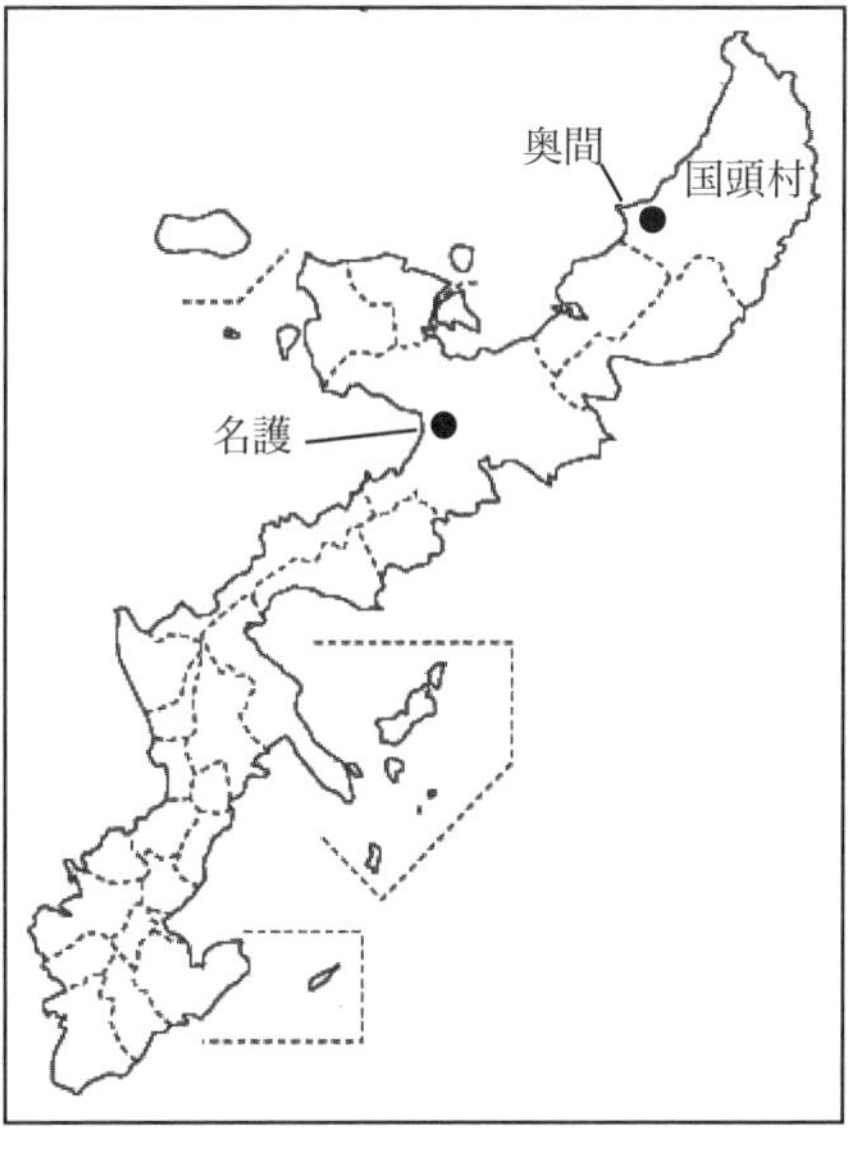

「なごー山」の真実に出会う

沖縄を代表する木やり唄「国頭《くんじゃん》サバクイ」の解明は、わたしの長年のテーマのひとつであった。「国頭」とは、沖縄本島北辺の地の名称である。「サバクイ」は、間切（現在の村に相当）時代の地方役人の職名だ。

歌詞は以下の通りである。

サー首里《すい》天《てぃん》加那志《じゃなし》ぬ　ヨイシーヨイシー
サー御材木だやびる　ハイユエー　ハーラーラ
サーハリガヨイシー　サーイショショショーショ
イーイヒヒヒーヒ　アーアハハハーハ

サー国頭サバクイ
サー御嶽《うたき》ぬ前《めー》から

サー名護山《なぐやま》かしじゃ
サー重《うぶ》さぬ引《ひ》からん
サー御万人《うまんちゅ》 間切《まぢり》や
サー皆肝揃《んなちむする》とてぃ

首里にいらっしゃる王様のために、村人が山から大きな木を切り出し運び出す様が歌われている。勇ましいかけ声とともに「イーイヒヒヒーヒ アーアハハハーハ」と笑い声が入るのが特徴的な歌である。

この「国頭サバクイ」でうたわれている「なごー（なぐ）山」を、名護の山（現名護岳＝三四五・二メートル）だと解釈し、この歌や芸能の発祥地を名護とする主張は沖縄芸能界で長く支持されていた。

だが、その見解にわたしは強い疑問を抱いていた。

「国頭サバクイ」の「なごー（なぐ）山」（あるいは「なごー山」）の所在地や、発祥地解明の手がかりを得たのは、一九七九年、伊江島の古老との対話からであった。その古老曰く「以前国頭村と伊江村の老人クラブの交流会が伊江島であり、歌に出てくる『なごー山』『なぐ山』は、与那覇岳（五〇三メートル）の中ごろにあるということを聞いた」と言うのである。

これは面白い。後日仲間数人と国頭村字奥間を訪ね、「なごー山」について知っている中年女性に会った。「なごー山は、与那覇岳の中腹あたりにあります」との証言を得た。

ここまで分かれば、与那覇岳に近づき目で確認することだ。幸いにも与那覇岳が望める地点まで車で登れるとのアドバイスを受け、くだんの女性が案内してくれることになった。与那覇岳は麓からおよそ八キロ、車で行ける範囲は三・八キロほどの距離。山道を登り、しばらくすると眼前に雄大な山並みが広がっている。その峰あたりが与那覇岳という。中腹を眺めると、樹木が繁茂している。この深山こそ、首里城の造営改築で木材を供給した「なごー山」である。

わたしは胸の高鳴りを禁じ得なかった。この山の存在を突き止めたことは、謎めいた「国頭サバクイ」の発祥地の解明につながるからだ。

「なごー山」は名護市の名護の山（名護岳）ではなく、与那覇岳山系にあることが判明したのである。しかも、木やり（大木を大勢で引く意）の伝承もたくさんあった。

昔、首里王城の用材は、国頭間切奥間村背後の与那覇岳（なごー山）で伐採し、川沿いに鏡地《かがんじ》の浜まで引っ張り、山原船で海路那覇まで運んだという。民謡、芸能の「国頭サバクイ」は、険しい山から木材を引き出すありさまをリアルに描いている。

国頭サバクイの碑

木やりは、大木に縄をかけ引っ張る方法と、大木の下に間隔をおいて幾つもの棒を入れ、その棒の左右を農民たちが肩に担ぎ、運ぶ方法があったようである。

大勢の人が大木の両方にむらがることから、その棒を「ムカデ棒」と読んでいた。あたかもムカデが歩いているかのように見えたから名付けられたようである。

急峻な山から大木を引き出す作業は、危険の伴う重労働であった。木材運搬にまつわる痛ましい話は、辺土名の美女「辺土名アンガー（アングヮー、娘のこと）」が大木の下敷きになった事故死も伝えられている。

字奥間には「メーチャーヌガサー」ということばがあ

る。「メーチャー」とは、女性の腰巻きのことだ。木材運搬は集中力を要し、一瞬の油断も許されない。

一心不乱に木材を引いているうちに、女性が自分の腰巻きがずれ落ちるのも知らないという、笑うに笑えぬ事態も起こるわけである。

「国頭サバクイ」発祥地伝承のある国頭村字奥間は、間切時代番所（現在の村役場に相当）のあったところだ。同地には「ジューサン・ルクジュー」という言葉もある。木材運搬賦役の義務は、男女とも十三歳から六十歳までという意味である。それからすると、間切時代の国頭方面では、十三歳から大人扱いされていたという社会組織や人々の暮らしを偲ぶことが出来る。

民謡・芸能の「国頭サバクイ」では、冒頭で「十三、六十、なごー山かてぃ木ーすんきーが出じんそーりよ」（十三歳から六十歳までの村人は木材運搬のため、なごー山に集まるように）とサバクイが伝達するなど、この種の芸能では古俗を伝えている。

「国頭サバクイ」は陽気で明るい。この明るさが辛い労働の疲れを癒し、農民の志気を鼓舞してきたようである。

「国頭サバクイ」は、各地の村踊り（豊年祭）に位置づけられていることから、単に木やり歌というだけでなく、労働の模擬儀礼としての予祝の色彩が強い。

沖縄を代表する木やり歌の「国頭サバクイ」は、黒潮列島に広い分布を持つ芸能としても有名である。その中で黒潮を北上した芸能を、流転と変容の視点から種子島（西之表市字現和の庄司浦）の「ヨンシー踊り」を紹介したい。

ヨンシー踊り　芸能は流転し変容する

種子島に風の神を奉《まつ》っている神社がある。風の神と言えば、多くの人は奇異に感じるに違いない。その珍しい神の鎮座する場所が「風本《かざもと》神社」である。

実は、この風本神社こそ、沖縄の「国頭サバクイ」が流転しながら「ヨンシー踊り」に変容し、同神社の例祭で奉納されるという重要な場になっているのだ。

風本神社は「ヨンシー踊り」の伝承地庄司浦（小字）の大字現和《げんな》に所在する。一九九四（平成六）年二月、ヨンシー踊り保存会会長の下園次男さんに案内されて同神社をたずねた。太平洋に面した台地の鳥居から神社のある森へ入ると、原生林がうっそうと茂り、昼でも暗い。老樹の向こうから天狗でも現れそうな雰囲気である。

海を生活の場にしてきた海民にとって、風の動きを知ることは何よりも大切なこと。そ

風本神社

の森に住んでいた巫女の天気占いがよく当たったことから、人々は風の神、志那登辺・志那登美の夫婦神をまつって社殿をつくったという。それ以来この神社は漁や航海に従事する庄司浦の人たちにとって最も生活と直結する神社になっている。

一九九三(平成五)年、沖縄県主催の「離島フェア」が沖縄コンベンションセンターホール(宜野湾市)で催された。そのイベントに種子島の「ヨンシー踊り」も出演した。わたしは二日間も宜野湾市の会場へ通い、同芸能を見学した。コンベンションセンターにおける種子島の「ヨンシー踊り」を見て、わたしはびっくりした。なぜなら、黒潮を流れ流れ種子島に伝播した「国頭サバクイ」は、なんと仮面芸能に大変身を遂げていたのである。

「ヨンシー踊り」は二つの場面で成り立ち、第一場は女性集団による清めの演舞になっている。黒の衣装に頭は青の長い鉢巻きを結び、背中にたらしている。手にはシビという花房を持ち、それを振りながら踊る。この演舞は聖なる山を清めることを表し、静かな中にも厳粛な雰囲気が漂っている。

第二場は、男の人たちがカラス天狗に酷似したオンジョー（もしくはオンチョー）という仮面をかぶり、山仕事に必要な大きい鋸やヨキ（斧）、大工が使うバンジョーガネ、山ごもりに必要な食糧の米を入れる米びつを背負い、メシガイなどの小道具を持ち「ヨンシー踊り」にのせて、すさぶる神の如く下手から登場する。地謡が演唱する「ヨンシー踊り」は、「国頭サバクイ」の変化した歌曲。

出羽から中踊り、入羽まで仮面神たちは舞台の床（屋外では土）を荒々しく踏み、たたきつけ、反閇《へんぱい》の所作（邪気を払うための足で地を踏みしめること）がみられる。悪霊を退散させる、木材伐採に際しての呪術である。カラス天狗や修験山伏に似た仮面神は、山仕事や大工の職能者が神格化したものとわたしは考えている。

種子島の「ヨンシー踊り」は、沖縄の「国頭サバクイ」で演じられた木材運搬の所作以前の山とのかかわり、いわゆる神事的性格が強い。古い時代の沖縄でも、山で木を伐採する際には山の神に祈願をしてからでないと山仕事には入らなかった。種子島の「ヨンシー踊り」は、山と向き合う種子島や古い日本の農民たちの気持ち（儀礼）が芸能化され、古

種子島のヨンシー踊り

俗を伝えている。

それでは、なぜ沖縄の「国頭サバクイ」が種子島では変容し、仮面芸能になったのであろうか。風本神社に立って、わたしは次のような考えを導き出すに到った。

種子島は修験道（しゅげんどう＝山林静寂の地で呪法を修め、霊験を得ること）の浸透していた島であり、山の神信仰も盛んである。修験道や山の神信仰の強い種子島へ、琉球の「国頭サバクイ」が伝播しても、そっくり受容されるわけではない。種子島の人たちは土地の信仰とうまく融合させながら、仮面芸能としての「ヨンシー踊り」を創造したのである。

「ヨンシー踊り」の伝承地・庄司浦は、南北に細長い種子島北側の太平洋に面した港ムラ（昔は「浦」と呼称）である。庄司浦は藩政時代、種子島十八カ浦の要港であった。琉球との交易は種子島の船乗りたちの憧れであり、かれらはアオギタ（沖縄ではミーニシ＝新北風）にのって琉球へ渡り、翌年夏のアラバエ（アラベー＝新南風）で帰途についた。庄司浦の船乗りたちは、琉球に滞在中「国頭サバクイ」の芸能を見て感動し、おらが島へ持ち帰ったのである。

歌や芸能が移動するとき、ストレートに伝わるケースもあるが、多くはねじれ、伝播先の風土や好みが加味される。だから、流転と変容はつきものと言ってよい。同系の芸能が各地まったく同じというより、違いがあった方が面白い。そこに民衆の生きた姿があるのだ。「国頭サバクイ」「ヨンシー踊り」のエネルギーは凄い。

木やりのドラマ

一九九四（平成六）年二月の初め、名護市教育委員会のKさんから電話があった。「国頭サバクイフェスティバル」を三月二十日に開催することになったので、一緒に種子島へ出演交渉に行ってほしい、との内容であった。たいへん切羽つまったスケジュールである。

二月のある日、Kさんとわたしは鹿児島へ飛んだ。気温二度。寒い。飛行機を乗りかえ種子島へ。ヨンシー踊り保存会の下園次男さんが迎えに来てくれた。足ばやに西之表市教育委員会をたずね、夜は庄司浦の公民館でイベント出演要請のスケジュールが組まれている。

種子島は、いま砂糖キビの刈りとりで最も忙しいシーズンである、かつての港ムラは半農半漁のムラになっている。出演交渉〝全権大使〟の二人は、心中穏やかではない。了解を得られなければ、手ぶらで帰れないからだ。われわれの要請に対し、庄司浦のみなさんは心よく承諾くださり、ヨンシー踊りのルーツである沖縄の「国頭サバクイ」を見たい、とも語ってくれた。

交渉が成立したので、ビールで乾杯し交流会になった。すると、参加者の一人の男性が「沖縄は芸能の島だから、何か踊ってくれ」というのである。見知らぬ地で突然踊りを求められ、われわれ二人は面食らった。庄司浦のみなさんは、沖縄の人ならみんな踊りができると思っているらしい。だが、ここで引き下がっては沖縄男児の面目にかかわる。

こうなったら奥の手を出すしかない、わたしは急遽、ヨンシー踊りで使う天狗に似た仮面をかぶり、庄司浦の人に太鼓をたたいてもらった。そして、すさぶる神々よりもっと荒々しく、ときにはひょうきんに即興のカチャーシーを踊ったのである。

この奇芸が大受けし、われわれは無事〝危機〟を凌ぐことができた。いやはや、旅では何が起こるかわかったものではない。

いよいよ三月二十日、黒潮列島の「国頭サバクイ」芸能のフェスティバルを迎えることになった。プログラムは地元名護市字城《ぐすく》の「国頭サバクイ」で幕を開け、隊形美で知られる東村字川田の「国頭サバクイ」、宮古多良間島の「女ヨンシー」、こっけいな演舞の「男ヨンシー」と続いた。

次に、仮面芸能で注目を集めた種子島の「ヨンシー踊り」、伊江村字東江前の「国頭サバクイ」、最後は発祥地国頭村字奥間の「国頭サバクイ」と、六地域の同系の芸能が一同に披露されたのである。

各地の演舞の間には、奄美と宮古のしまうたが紹介された。奄美はしまうたの天才少女が、奄美独特の裏声とこぶしを効かせて熱唱し、聴衆をうならせた。このしまうたの天才少女こそ、「ワダツミの木」で日本中を沸かせたポップス界の、あの元《はじめ》ちとせだったのだ（当時中学3年生）。

同系の芸能を一堂に集めた企画は歓迎され、那覇や中部方面からも芸能人や研究家が馳せ参じるという関心ぶりであった。また、名護市の場合、市民会館大ホールでの公演だけでなく、公演後の中ホールにおける出演者と市民を含めた交流会があり、互いに感想を述べあうユニークな催しも設けられている。この伝統は長く続いており、芸能は島と島、人と人を結ぶかけ橋になっている。

首里城の再建と国頭サバクイ

あとになったが、ここで「国頭サバクイ」芸能の由来を紹介しよう。昔、首里城の北殿（にしぬ うどぅん）が落成したとき、全島の間切役人が落成祝に招かれ、余興で各間切の役人は、それぞれ得意の芸を披露したという。ところが、国頭間切の役人は芸がなく、困っていた。そのとき、地頭代（現在の村長に相当）に同行していたサバクイが機転を効かして、古くからあった木やい（木やり歌）をうたいながら面白おかしく踊ったという。

このサバクイの芸が予想以上に好評で、以来奥間では「国頭サバクイ」が芸能として演じられるようになったと伝えられている。

資料によれば、首里城は過去四回全焼したという。一回目は一四五三年（全焼）。二回目は一六〇六年（全焼。一六七一年再建）。三回目は一七〇六年（全焼。一七一二年、いくつかの施設再建。全体の竣工一七一五年）。四回目は一九四五年（沖縄戦で全焼）である。

首里城はこのような大火災にあい、再建をくり返してきた。「国頭サバクイ」の芸が披露された年代はいつごろだろうか。はっきりしたことは言えないが、わたしは一七一五年

〜一七三六年ごろではないかと推察している。その根拠は、一七〇九年に全焼した首里城は、一七一五年に再建され、一七三六年には北殿の改修工事がおこなわれているからだ。

ひとつの木やり歌（芸能）の背景には、多くのドラマが秘められている。

種子島のヨンシー踊りの仮面（オンジョー）

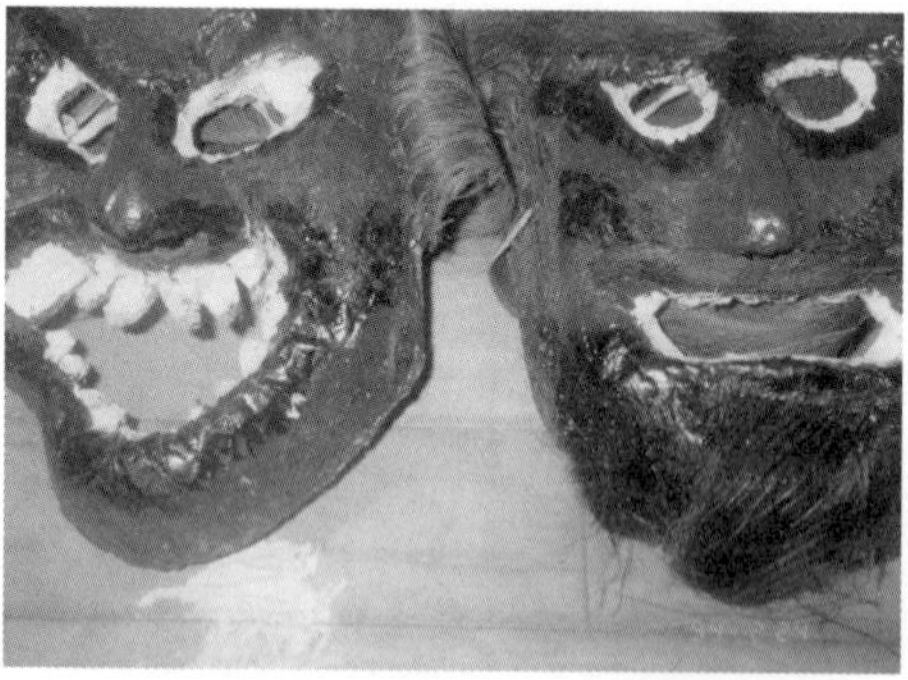

■仮面は日常生活場面に登場することはほとんどない。仮面は一人居るときにはさして必要ないだろう。人間社会の仕組みとして、ハレの祭りと関係あるのだ。人間は自分の力だけでは大自然の前でどうにもならないことが多い。その克服のため我が先人たちは神の力を借りなければ生きられなかったのだ。強い何ものかに変身して人々の願いを実現させる努力をしてきた。仮面の目的・機能はまだ謎の部分が多い。

■沖縄編

恋する〈ヨーテー節〉　羽地内海

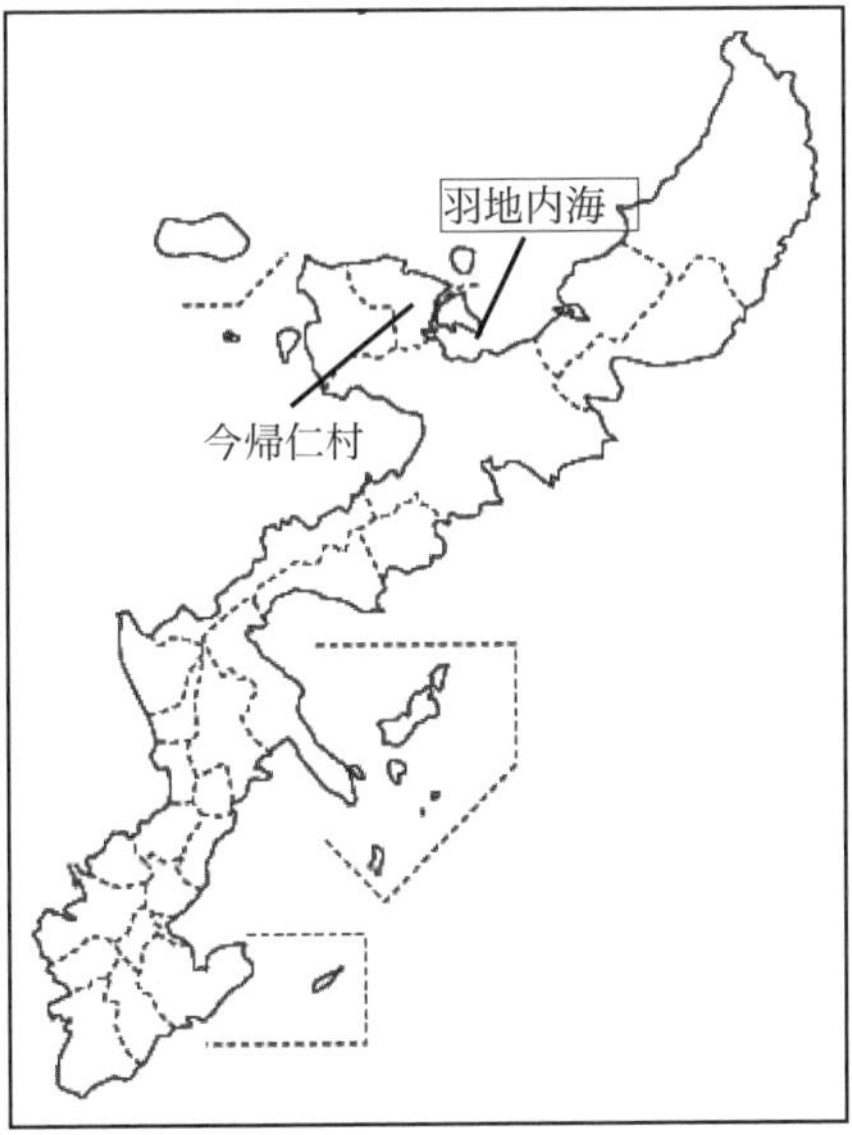

歌マジムンの島

名護市(旧屋我地村)我部《がぶ》の小字メーガチ(前垣)に「シマシンクジリ」という小島がある。そこは、俗に「歌マジムンの島」と呼ばれ、かつて村人にとっては怖い場所であった。「歌マジムン」とは、歌をうたう魔物＝ばけもの、の意である。

メーガチは一九五〇年代まで、製塩の村で知られた寄留者による屋取《やーどぅい》集落。海岸に沿って羽地内海には、二十余の小島が点在し、「沖縄の松島」と呼ぶ人もいるほど絶景である。

一九八六年三月、わたしは我部の民俗と歌の調査のため、Mさん(明治四三年生まれ)をたずねた。メーガチの海岸近くに住んでいるMさんの家から、シマシンクジリはすぐ目の前にある。

歌マジムンの島と恐れられているシマシンクジリの意味は不明であるが、墓が一基あることが確認されている。Mさんによれば、その小島には沖縄戦前まで羽地方面(現名護市、旧羽地村)の人がサバニに乗って墓参りに来ていたという。ところが、戦後はおとずれる人もなく、無縁墓になっている。

Mさんは小さいころから「夜になると、シマシンクジリから歌声が聞こえてくる。あの島には歌マジムンがいる」と、村人たちがうわさをしているのを耳にしてきた。その歌マジムンの島は、Mさん宅の目の前の海にあるにもかかわらず、Mさんは一度もマジムンの歌声を聞いたことがない。それだけに、うわさ話はいつも気にかかっていた。知的で度胸のあるMさんは、ある日勇気を出して村人がおそれている墓の島シマシンクジリへ渡り、小島の実状をつかもうと考えた。青年時代のことである。

小島に上陸し、掘り抜き墓を一基見つけ、祈願をして墓を開けた。すると、中には厨子ガメがふたつ安置され、ひとつには人骨、もうひとつには黒木でつくった三線の棹が収められていたという。「こんな立派なクルチ（黒木）づくりの三線の棹が収められているということは、ここに葬られている人物はきっと歌・三線にすぐれていたのであろう」とMさんは考えた。

さらに「メーガチの村人達が、夜になるとシマシンクジリから歌声が聞こえてくるとのうわさ話は、そこへ葬られている人物の素性（歌と関係ある）を、古老たちは知っていたのではないか」……と。そんなことから「口伝えの過程で、いつのまにか歌声が聞こえてくる、とのうわさ話に発展したのでは」と、あれこれ想像した。そして、墓を閉じた。

沖縄の本土復帰（一九七二年）前後、盗掘者たちによる墓荒らしが横行した。北部の古墓

羽地内海

はずいぶん荒らされ、社会問題になったことがある。

Mさんはもしや、と思い何十年ぶりにシマシンクジリへ渡り墓を開けてみると、懸念していたとおり墓は荒らされ、三線の棹は持ち去られていたのである。

取材で親しくなったMさんは、他にも若いころの面白い（?）逸話を語ってくれた。

同じメーガチの村に投げ網漁をしていたBという人物がいた。Mさんより年長の方である。Bはうすぼんやりとしたある夜、シマシンクジリ近くの海で投げ網漁をしていた。

Mさんは当時古典音楽をやっていたので、夕飯を食べ終えてから歌の練習のためシマシンクジリへ渡った。もちろん、近くの海でBが漁をしていることはまったく知らない。

波静かな海に向かって、Mさんは第一声を発した。投げ網漁に夢中になっているBは、突然やみ夜に響く歌声にびっくりして

「いじたるむん！」（出た！）

と、潮を蹴りジャブジャブ音をたてながら陸地へ向かって走り出した。そして、Mさんの家の前を通った先でぱたっと倒れ、気を失ったという。

しばらくして息を吹きかえしたBは、ほうほうのていでわが家へたどり着いたのである。

翌日、Bは村人に「昔からシマシンクジリに歌マジムンがいるといううわさがあったが、あの島にはほんとうにマジムンがいる」と、昨夜の恐怖を語り、歌マジムンの話は村中に広がったという。

さあ、困ったのはMさんである。小島での歌は自分であったことを名乗れず、新しいうわさ話が流布されたからだ。よくよく考えた末、一週間後三合瓶（泡盛）を持ってBの家へ行き、事の次第を話し詫びを入れたという。Mさんにとっては、とんだマジムン騒動に巻きこまれたのである。

そのMさんの自宅から東へ数百メートル行った我部の公民館近くに、昔のモーアシビ（野

遊び）の場、「平松《ひらまち》」の跡がある。次に、その我部の平松と湖水のような羽地内海沿岸の抒情歌をめぐる裏話を紹介したい。

恋歌遊行

恋愛は、人間にとって生と死とならぶ大きなテーマである。恋歌は、古くから沖縄の歌の中心にあった。四季を通しておだやかな羽地内海を、今帰仁、羽地の若者たちが小舟で屋我地へ渡る。モーアシビ（野遊び）の場、ヒラマチ（平松）の下には、いとしいあの娘が待っているのだ。

昔の男女の交流はタブーが多く、それだけにモーアシビは閉ざされた農村社会で、唯一の男女交際の場であった、と古老はいう。地域によっては、モーアシビで恋が生まれ、やがて結婚へ発展するケースも多かったようだ。

羽地内海沿岸に住む、若者たちの恋をうたった抒情歌が「ヨーテー節」である。「ヨーテー」とは、囃しことばのこと。夕凪《ゆうど》れの内海を小舟で渡り、彼女に会えるはずむこころ。つややかに流れる男女の情け。帰りの舟路の寂しさ、逢瀬の場ヒラマチに思いを残して……。なんと、ロマンチックであろう。

「ヨーテー節」の傑作、

朝凪れ《あさどぅり》と《とぅ》夕凪れ《ゆうどぅり》　屋我地《やがじ》漕じ《くじ》渡て《わたてぃ》
我部《がぶ》の《ぬ》平松《ひらまち》に《に》　思い《うむい》残ち《ぬくち》

は、湖水のような羽地内海と、歌掛けの習俗が生きていた我部という風趣のある大自然の中で生まれた。時代は判然としないが、明治の初めごろとも……。

昭和に入り、川田松夫（一九〇三〜一九八一）が、「ヨーテー節」の原曲をもとに、歌詞は辻（方言でチージ。沖縄戦前まであった那覇の遊郭街）の情緒を織り込み、「西武門節《にしんじょう》」をつくった。

この歌は、当初「西武門哀歌」という芝居でうたわせたという。その劇中歌が好評だったので、のちに「西武門節」になり、ヒットしたという。レコーディングは昭和九年ごろ。ところが、本土では「作詞作曲・川田松夫」と誤ったかたちで伝わってしまった。たしかに歌詞は川田松夫だが、曲は古くからうたわれてきた「ヨーテー節」なのである。

わたしの恋歌遊行（ゆうぎょう。ここでの遊行とは、聖者の遍歴ではなく、楽しみながら歌を探求するぐらいの意）から、「ヨーテー節」の歌詞は、羽地、屋我地系と今帰仁（湧川）系があることが分かった。

一九七五年、わたしは「湧川ヨーテー節」六首を採集した。だが、原歌詞と考えられる羽地、屋我地の歌詞には長く出会うチャンスがなかったのである。わたしの「ヨーテー節」原歌詞探しの遊行は、しばし頓挫した。

そんなころ、以前から文通していた屋我地の沖縄愛楽園（国立ハンセン病療養所）に入園しているKさんを思い出した。Kさんは新民謡の作詞も手がけ、レコードも出している人物である。ひょっとしたら、「ヨーテー節」のことを知っているかも……。

早速手紙でそのことを問い合わせたら、「戦後間もないころ、よくうたってきた」との朗報が入った。一九七七年、わたしは愛楽園をたずねることにした。Mさんは、わたしの訪問を待ちかねていた。そして、「ヨーテー節」五首を紹介くださったのである。わたしはこの幻の原歌詞との出会いに興奮した。この抒情歌は、数年前、名護市の「しまうたフェスティバル」で甦らせている。

非情の北緯二七度線　復帰協の想い出

屋我地の愛楽園といえば、わたしには別の思い出があるので、少し脱線させてもらおう。学生時代、復帰協（沖縄県祖国復帰協議会）の執行委員を一年間つとめたことがある。

復帰協は一九六〇年に結成された大衆運動組織。一九五一年、サンフランシスコで署名された対日講和条約が発効（翌一九五二年）した四月二八日を、日本の行政権から正式に沖縄が分断され、アメリカの統治下におかれた「屈辱の日」として位置づけていた。そして、各団体思わくの違いはあれ、大同団結して「四・二八復帰行進」と「海上大会」を展開してきたのである。

一九六六年四月二五日、わたしは学生らを率いて一連の行動に参加するため、復帰協傘下の諸団体と合流し、愛楽園の施設に宿泊した。わたしたちが参加した行進団は、屋我地島を出発して、途中大宜味村喜如嘉と国頭村辺土名で宿泊し、辺戸岬までの長いコースである。

行進団の一部は四月二八日早朝、辺土名漁港から小型船に分乗し、辺戸岬と鹿児島県の最南端与論島のほぼ中間あたりの、北緯二七度線をめざした。その日は時化で、小型船は木の葉のように揺れた。乗船者の大半は船酔いでグロッキーである。唯一の気ばらしは、船の側を遊泳するイルカの群れであった。

しばらくして、本土の大型チャーター船が洋上に停船した。ここらあたりが目に見えぬ北緯二七度線か！　やがて本土・沖縄呼応した海上大会が始まった。この分断した二七度線があるため、本土へ行くにもパスポートが必要であったのだ。

期待していた与論の島かげは、まったく見えない。そのとき、わたしは逮捕されてもいいから非情の北緯二七度線を突破して、与論島に近づきたい思いにかられていた

恋愛詩点景

人には必ずときめきの時がある。胸がはずみ、こころ嬉しくなり、夢中になったりする。とくに青春時代は、ときめきと甘い戦慄がかけまわることだろう。だが、いかに時代は変わろうとも、恋の歌は引き続き生まれ、人々に感動を与えている。

それでは、羽地の若者たちがうたってきた「ヨーテー節」五首の中から、恋愛詩（琉歌）三首に絞って紹介しよう。歌詞は方言（音）表記する。

○昔ばんしんか　ハンティナに下《う》りてぃ
　天馬打ちいじゃち　屋我地渡ら

（訳）古き、わが仲間たちよ、勘定納（現仲尾方面）の浜に下りて、
天馬船（ハギ舟の小型）で屋我地へ渡ろうよ。

○我《が》部《ぶ》ぬみやらびぬ　歌に打ち惚《ふ》りてぃ
羽地ばんしんか　毎夜《めえゆる》かゆてぃ

（訳）我部の娘さんの歌にすっかり惚れて、
羽地のわが仲間たちは、毎夜屋我地の我部へ通っているよ。

○朝凪《あさどぅ》りとぅ夕凪《ゆうどぅ》り　屋我地漕《く》じわたてぃ
我部ぬ平松《ひらまち》に　思《うむ》い残《ぬく》ち

（訳）朝なぎ夕なぎの羽地内海を、小舟で渡る。
逢瀬のあとは、彼女と語り明かした平松に思いが残り、
やるせなくてどうしようもありません。

この恋愛詩からすると、羽地の若者たちは現在の仲尾からグループで天馬船に乗って、屋我地我部の娘たちとモーアシビしたことが分かる。最後の「朝凪りとぅ夕凪り……」の傑作を前回紹介したが、一人で小舟に乗って羽地内海を静かに往来する情景が浮かんでくる。一説には、番所役人の作とも……。

我部の平松下におけるモーアシビでは、男性が娘たちの容姿やしぐさをこまかく観察する。娘たちは歌掛けを通して、相手の人がら、教養、思いの度合いを見抜いていたという。だから、男女とも真剣だったのである。歌の力は、実に大きかったのだ。

羽地の青年たちのモーアシビが、我部の平松下なら、今帰仁の青年たちは、メーガチの浜辺を舞台とした。それでは、「湧川ヨーテー節」六首の中から、恋愛詩三首を紹介しよう。

○湧川みやらびや　天《てぃん》ぬ星《ふし》ぐくる

拝《うが》まりやすしが　自由やならん

（訳）あの美しい湧川娘は、まるで天の星のようである。
拝むことはできるが、自分のものにすることはできない。

○兼久下我部《かにくしちゃがぶ》や　笠張《は》やや居《う》らに
あん美《ちゅ》らさマカテー　太陽《ていだ》に灼《や》かち

（訳）兼久下我部には、笠をつくる人はいないのか。
あんな美しいマカテーを、太陽光線にさらして……。

○遊《あし》びする屋我地　恋路《くいじ》する湧川
夜《や》半《はん》参《めえ》ぬ立ちゅる　天底門口《あみすくうじょうぐち》

（訳）遊びの場は屋我地、恋路は湧川、

夜半参（いとしい人を忍び待つ意）で立つ所は、天底の入口である。

今帰仁村湧川のモーアシビは、人里離れた「クバジャミ」や沢岻の「ウジュミ」、下我部の「ガブヘー」、墓の島「ヤガンナ」、海を越えた屋我地の「メーガチ」、運天原の「ウフダラー」が多かったという。

また、羽地内海での「舟流り」もあった。舟流りとは、男女が複数のサバニに乗り込み、潮の流れにまかせて遊覧すること。小舟の中では歌をうたい、親交を深める風流な遊びである。

他シマ（ここでは、屋我地のメーガチ）へ出かけてのモーアシビは、事前に顔見知りや、その地のリーダーに許しを得て参加するのが礼儀とされていた。よほどの敵対行為がない限り、喜んで受け入れられたという。

浜辺のうたげ　古老の体験談

恋歌とは男が女を愛し、女が男に思慕をよせる歌のことをさす。もともと、歌を掛け合うという行為は、相手の魂を招き、たがいに求め合うことを意味する。昔の人たちは純粋であるがゆえに、恋の歌はまた、こころの郷愁さえ感じさせる。

二〇数年前、今帰仁村湧川のM古老（故人・取材当時七六歳）から、貴重なモーアシビの体験を聞くことができた。屋我地の我部から湧川へ嫁いできた明治生まれの女性は結構いたという。M古老の奥さんも、その一人であった。

湧川ムラの中でも下我部、兼久、沢岻の若者たちは、運天水道を渡って屋我地でモーアシビをやってきたことで知られている。彼らは、日が暮れるのを待ちかねたように、下我部の浜辺に集まり、いくつかの小舟に男女が乗って、対岸のメーガチ（我部の小字）へ行ったのである。

小舟に乗り遅れた者は、衣類を頭にくくりつけ、平泳ぎで夜の海を渡ったつわ者もいたというから驚く。湧川の若者たちにとって、屋我地の同世代と交流できることは、何よりもの喜びであったのだ。

メーガチの人里離れた浜辺におけるモーアシビは、まず歌遊びを中心に展開する。遊びは、男のグループ対女のグループに分かれ、前半は賑やかな歌で掛け合う。後半は男女とも個人対個人になり、さらに複数が絡み合うなど、交唱歌のかたちはいろいろである。

男女が出会う場合、ムラや名前、年齢に関心をもつのは、いまも昔も変わりはない。

○シマやまが姉小《あばぐゎ》　年齢《とぅし》やいくちなゆが
　とぅてぃん聞《ち》ちぶさや　彼女《んぞ》が行方《ゆくぃ》

（訳）娘さんよ、どこのムラの出身かい。年齢はいくつか。
　あなたのことをよく知りたい。

と、屋我地の男が切り出せば、湧川の娘は、

○ぬがようんじゅなや　シマ聞《ち》ちみせる
　シマや今帰仁《なちじん》ぬ　花ぬ湧川

（訳）どうして、あんたがたはわたしのムラを知りたがるの。
　わたしのムラは、美人どころとして知られている今帰仁の湧川です。

と返す。男は、

○目眉黒々《みまゆくるぐるとぅ》とぅ　色気《いるき》さや桜《さくら》
　今帰仁ぬ御神《うかみ》　あんがやたら

　（訳）あなたは目や眉も黒々として、桜花のように色気が漂う。
　　絶世の美女今帰仁ウカミも、そんなだったのでしょうか。

と、男は湧川娘をほめそやす。そして、娘に変化が起こり、

○初《はじ》みてぃるやしが　い言葉《くとぅば》ぬ美《ちゅ》らさ
　惹かさりてぃいちゅさ　わ身が肝《ちむ》や

　（訳）初対面なのに、あなたのすてきな言葉に

わたしはすっかり惹かれていきます。

と、うれしそうに返し、たがいに意識する。二人はタイミングを見はからって、その場を離れ岩かげへ……。三線弾きは演奏を続け、歌の掛け合いは途切れなく続く。すると、他の男女も思い思いに近くの松の下や草むらに消え、愛をささやく。気がついたら、三線弾きが一人残されることもあったという。

モーアシビでは、意中の娘がどういう反応を示すかが、男たちの関心事であった。娘らの返し歌や囃しには、重要な意味が秘められていたからである。

モーアシビでカップルが生まれ、結婚が近づくと、仲間たちによって「別り遊び」が行われる。言うなれば、モーアシビの〝卒業〟の儀礼である。若者たちは、貧しい生活ながら各自酒や里芋、豆腐などを持ち寄り、「浜辺のうたげ」をやるのだ。

参加者は賑やかなうたげを終え、涙を流しながらカップルを送ったという。仲間を思う純朴な若者たちの友情に、ついほろりとする話である。

沖縄編

本部町具志堅の石柱の神ハサギ（アサギ）

■沖縄編

緊張感漂う〈むんじゅる節〉 粟国島

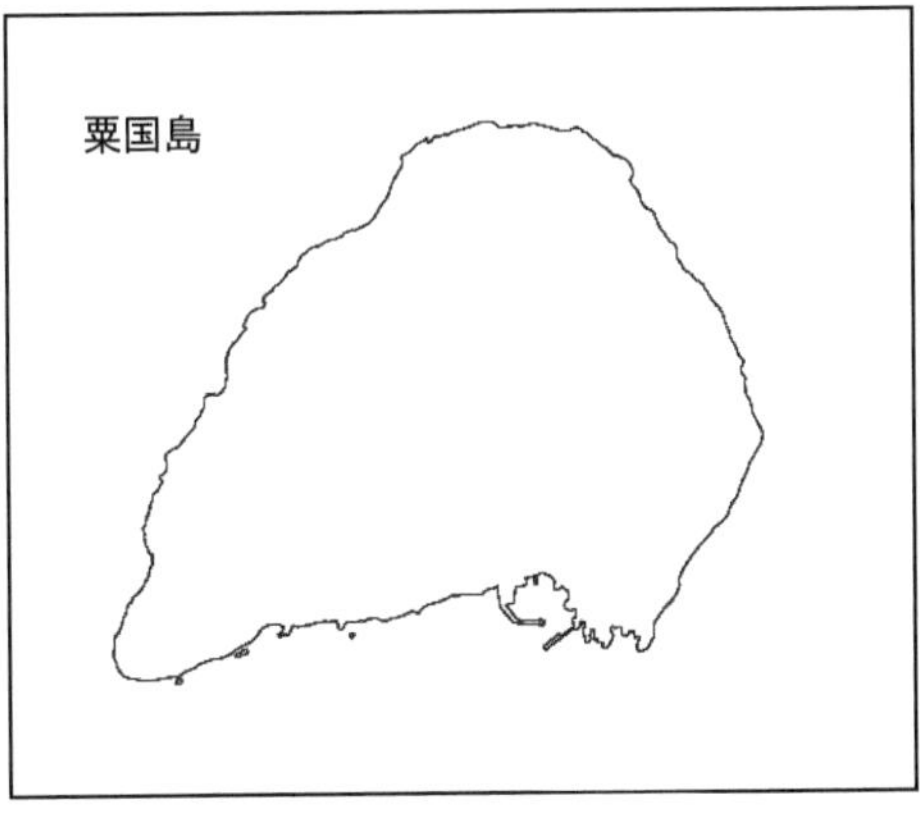

粟がなしの島

粟国《あぐに》島に、「粟《あわ》がなし」という言葉がある。島人の命をつないできた穀物の粟を、「がなし」という尊称語を付けて呼ぶほど、粟は大切な穀物であり、島名の由来にもなっている。

ほかに、「麦がなし」「豆がなし」もあったと古老は教えてくれた。奄美の「ソテツがなし」と同様、島で暮らした人たちでなければ表せない、重みを強く感じさせる言葉である。

粟国は那覇の北西およそ六〇キロの洋上に浮かぶ扇形の島。南西部は海抜九六メートルの台地になっている。マハナ展望台方面から北東部はなだらかに傾斜し、フクギに囲まれた民家の多い西・東の両ムラと港を前にした浜ムラがある。

粟国島で最初に度肝を抜かれたのは、筆ん崎（海抜九〇メートル）の迫力ある断崖の景観であった。白色凝灰岩《はくしょくぎょうかいがん》の白い肌の断崖は、海上からまぶしく映える。粟国島は、霧島火山帯に属する火山島だったという。

次に、集落内で強烈な印象に残ったのが巨大なトゥージであった。トゥージは、筆ん崎の断崖から崩落した凝灰岩をくり抜いて造り、水ガメに利用したもの。だから、どこの民家の庭にもトゥージはある。粟国のトゥージは、親から子（長男）に代々引き継がれ、大きいのは人の背丈ほどもあるから驚く。山や川のない孤島の生活苦と、島人の知恵で考案された巨大な水ガメである。

島を巡って、墓が見あたらない。粟国出身のSさんに尋ねると、島の南東部の原野へ案内してくれた。すると、そこからは青い大海原が広がって見え、原野の真下に大きな岩をくり抜いた横穴式の村墓（共同墓）が三基あった。

粟国島の景勝地　筆ん崎の断崖

　Sさんによれば、「粟国には個人墓はなく、村人が死んだら全員村墓に葬られる」という。ひとつの墓がいっぱいになると、村人の共同労働で隣の岩をくり抜き、横穴式の墓を造るのである。Sさんが小さいころ、大人から「あの方面（村墓のある一帯）に普段行ってはいけない」と言われ、怖いところであったと述べていた。

島の北東部には畑があり、ソテツの自生も見られる。近年、かつての名産・粟のかわりに「もちキビ」（花穂をふさ状につける五穀のひとつ）を生産している。米と交ぜて焚くと、ねばりがあってたいへんおいしい。

粟国島は「むんじゅる節」の発祥地であり、舞踊の「むんじゅる」は、雑《ぞう》踊りの傑作として県下に広く知られている。「むんじゅる節」の本歌は、

むんじゅる平笠《ふぃらがさ》　ちゅらむぬや
女童《みやらび》ま頂《ちじ》に　ちーゐしてぃ
（囃子略）

（訳）麦のガラのシンで造った「むんじゅる平笠」は、なんと美しいことよ。

その平笠を、娘の頭にちょこっとのせて……。

「むんじゅる節」は、優美可憐な粟国娘の清楚な美しさをうたった土地賛歌である。琉歌形（八・八・八・六）が中心の沖縄のしまうたの中で、八五形は念仏歌と「むんじゅる節」だけであり、異色のこの歌の存在にわたしは注目している。だが、なぜ八五形なのか、いまもって解明できない。

「むんじゅる節」は、以下若者たちのむんじゅる娘へのあこがれ、島役人津波古への警戒を喚起、そして、島の名産（芋、米）などの内容で構成されている。

古い節まわしの伝承者は粟国島に現存しない。わたしは、かつて那覇在住の粟国出身者から明治生まれの古老の「むんじゅる節」をテープで聴いたことがある。「むんじゅる平笠……」の「平笠」を「ふぃーらがーさー」と高音で伸ばす節まわしであった。

歌がたり

しまうたは、古ければ古いほど民間説話が付随する。「むんじゅる節」の伝承は、粟国島、西・東両ムラと浜ムラにある。まず、西・東ムラの歌がたりを紹介しよう。

昔、粟国島が久米島代官の管轄にあった頃、粟国在番（当時浜ムラに所在）に津波古という役人が務めていた。津波古は農作物の巡検のため、西ムラ北側の糸喜名《いちゅきな》原やサガヤ原一帯をよく往来していた。

ある日、役人津波古は糸喜名頂《ちぢ》（坂）で、西ムラ神里家の娘と出会い、ひと目惚れをした。神里家は糸喜名原に三〇〇坪の畑を所有していた。ヒロイン神里家の娘は野良仕事で糸喜名頂を通りかかり、役人津波古と出くわしたのである。

娘は津波古にしつこく言い寄られていることを兄に報告した。かねてより女ぐせの悪さで評判の役人津波古の所業に、神里家の兄は「何とかして懲らしめねば」と考えていた。とは言え、島役人の権力は大きい。直談判すれば、どういう仕返しをされるかわからない。

いろいろ考えた末、兄は流行りの「むんじゅる節」に、役人津波古への批判と身勝手なふるまいをけん制する意味も込めて、やんわりと次の歌詞をつくり広めることにした。

「糸喜名頂《ちじ》からようをぅなや、むんじゅる平笠かぶるなよ」と。

歌意は「妹よ、糸喜名頂を通るときは決してむんじゅる平笠をかぶってはいけませんぞ。平笠は顔が見えるので、津波古に言い寄られるぞ。気を付けなさい」というもの。兄が妹を心配して、注意を喚起したのである。「をぅなや」は「妹よ」の意。

昔は「うたがき」（目的をもってある人を歌にのせ流布する意）されることは、何より不名誉なことで、恥と考えられていたようだ。言うなれば、今日のメディアで槍玉にあげられるようなものである。島人の反発を受け信頼を失った津波古は、のちに島を追われるように久米島へ転任させられたという。

浜ムラの伝承は、西・東の両ムラと大筋において酷似しているので割愛する。異なる点は、歌に登場する地名と娘の出自である、浜ムラ説で、役人津波古と娘が出会ったのは「照喜名頂」であり、ヒロインは浜ムラ山城家の娘となっている。

さらに、山城家の娘はあれほど兄たちから注意されているにもかかわらず、役人と一緒になり子どもまで産んでいたのである。山城家では、その子が成長してのちに財産を分け与え、津波古姓を名乗らせたという。粟国には、子孫も健在のようだ。役人津波古のてん末は、西・東両ムラの伝承と同じである。

これまでの伝承を整理すると、西・東両ムラの人たちは、役人と娘が出会った地は糸喜名頂であり、ヒロインは神里家の娘であると説く。一方、浜ムラの伝承では出会った地は照喜名頂で、娘は山城家の出自で、役人津波古の子まで産んでいるということだ。

地形を見ると、西・東両ムラ説の糸喜名頂は、勾配のある坂道で、西ムラからも望める位置にある。ところが、浜ムラ説の照喜名頂という歌詞の地名は存在しない。だが、島の東海岸近くには、「照喜名原」がある。一帯は平らな地形なのだ。

沖縄で演唱されている「むんじゅる節」の二番では、「照喜名坂《ているきなふぃら》」となっているが、前述したように、そのような地名や丘はない。おそらく、西・東両ムラの糸喜名頂と本家争いをして張り合い「照喜名頂」が考案され、後世その歌詞が内外に広まり固定化した可能性も否定できない。

粟国では「頂」であったが、この歌が沖縄へ伝播して「坂」(ふぃら)に改作されている。ある歌で、地名以外そっくり同じ内容の場合、どちらかが先に生まれ、伝播の過程で別の地名を加え似たような歌(類似歌)が流布されることは、そう珍しいことではない。

粟国島は、のどかで美しい島である。だが、わたしが訪問したとき「むんじゅる節」をめぐっては、緊張感が漂っていた。このような雰囲気はたいへん珍しい。

古俗を伝える「むんじゅる節」の歌詞に登場する「頂」(坂)を、那覇へ帰る数時間前に案内してくれた粟国在住のAさんは、「もし、○○(Aさんが反対している地)に歌碑をつくったら壊してやる」との、すごい剣幕であった。なんとも物騒な話である。

名歌の「むんじゅる節」は、「おらがムラの歌」というふるさと自慢が高じて、関係者の間ではボルテージが上がるばかりであった。

海を渡った名歌

古い歌は、伝説のような美しさや哀しさ、そして、少しあいまいさを織り交ぜながら存在する。有名な歌であればあるほど、多くの逸話があるから面白い。

「むんじゅる節」のことを、古くは「むんじゃら節」と呼んでいた。それでは「むんじゃら」とか「むんじゅる」とは何だろうか。

「むんじゃら」（じゅる）とは、麦の「がら」のこと。「がら」とは、「わら」のことで、麦の実をとり除いた茎で、笠を造る場合は茎のシンを材料にする。

日よけが目的の笠は、男子用は勾配があり、女性用は上（天井）が平らな造りになっている。女性用は笠の深さが浅いので、顔がわかりやすい。現在は舞踊のみに用いられている。

麦は粟国島の方言で「むじ」と称し、沖縄本島と同じ。「じゃら」（じゅる）は、「がら」（わら）のこと。明治の半ばごろまでは、「がら」のことを「じゃら」と称していたようだ。その麦の「がら」のシンで造った笠のことを「むんじゃら笠」と称し、のちに「むんじゅる笠」になっている。製品化される段階で「むんじゃら」から「むんじゅる」になったのでは、とも……。

「むんじゅる」の呼称の変化は、（イ）「むんがら」↓（ロ）「むんじゃら」↓（ハ）「むんじゅる」と変化してきている。沖縄では「が」は「じゃ」に変化する例がある。「樋川」（ひがわ）は「ひーがー」ではなく「ひーじゃー」と発音するのだ。

「わら」と言えば、多くの人は稲の「がら」のことだけだと思い込んではいないだろうか。「わら」とは稲、麦、かやの茎も含んでいるのである。「麦わら帽子」がよい例である。「麦がら（じゃら）笠」が、「むんじゅる笠」になるのだ。

素朴な島娘の美しさをうたった名歌は、やがて沖縄本島へ伝播することになる。伝播についても、複数の口碑伝承がある。具体的ケースは次の通り。

1　地謡の稲嶺説

仲毛芝居の地謡の稲嶺という人物が、粟国で「照喜名節」（むんじゅる節のこと）を聴き、那覇へ持ち帰り名優玉城盛重が明治二七、八年ごろ舞踏化した。

2　安慶田の主説

明治四〇年ごろ、上の芝居の安慶田の主という地謡が粟国島を訪問して浜ムラに宿をとり、島人から「照喜名節」（むんじゅる節）を習い、舞踏化された。

3　地頭代屋宜染一説

粟国の地頭代屋宜染一が首里王府へ出向いたとき、饗宴で「むんじゃら節」（むんじゅる節）を披露した。しかし、古典優越主義の社会で、この歌はまともな評価がなされなかったという。

粟国島の港は浜ムラにあるので、島外の人は浜ムラに宿をとる。そこで浜ムラに伝承されている「照喜名節」（むんじゃら節＝むんじゅる節）に触れるチャンスは多い。沖縄本島へ伝播した同歌は、浜ムラで出会った「照喜名節」であったことは容易に察しがつく。

しかし、浜ムラが粟国島の玄関であることをもって、そこで最初に聴いた歌を発祥地説とするのは早計である。歌の発祥地は、歌詞や曲の成立過程、地理地形、伝承など総合的に吟味しなければいけないからだ。

わたしは「むんじゅる節」の二番に「糸喜名頂」とか「照喜名頂」という地名が登場していることを論拠に、どこが発祥地と決めてはいけないと考える。

なぜなら、歌の発祥地は本歌と思われる歌で判断すべきだからである、「むんじゅる節」

の本歌は「むんじゅる平笠ちゅらむぬや……」であり、後続の歌詞は歌遊びの過程で次々つくられたものと推察されるからだ。したがって「むんじゅる節」各首の成立には、時間差が考えられるのである。

現代の創作とは異なり、昔の人たちは何番までと決めて歌をつくるわけではない。歌遊びを重ね、後世歌詞が固定化し伝承されるのである。あの有名な「浜千鳥節」（方言で、ちじゅうやー）は、各首作者が異なり、舞踏化される過程で内容上の工夫がなされているのだ。いわゆる、各首の間には、時間差がみられるのである。

「むんじゅる節」は、清楚な島娘の美しさをうたった名歌として知られている。この歌の知名度が大きくなるにつれ、粟国島では「おらがムラ自慢」を競い合った。

だが、この数年発祥地説にとらわれず、島を代表する名歌としてアピールしようとの動きが高まった。一九九八年、島の名所洞寺公園に期成会によって立派な歌碑が建立された。ともあれ、よかった。

■沖縄編

壮大な〈シマノーシ〉＝島直し

渡名喜島

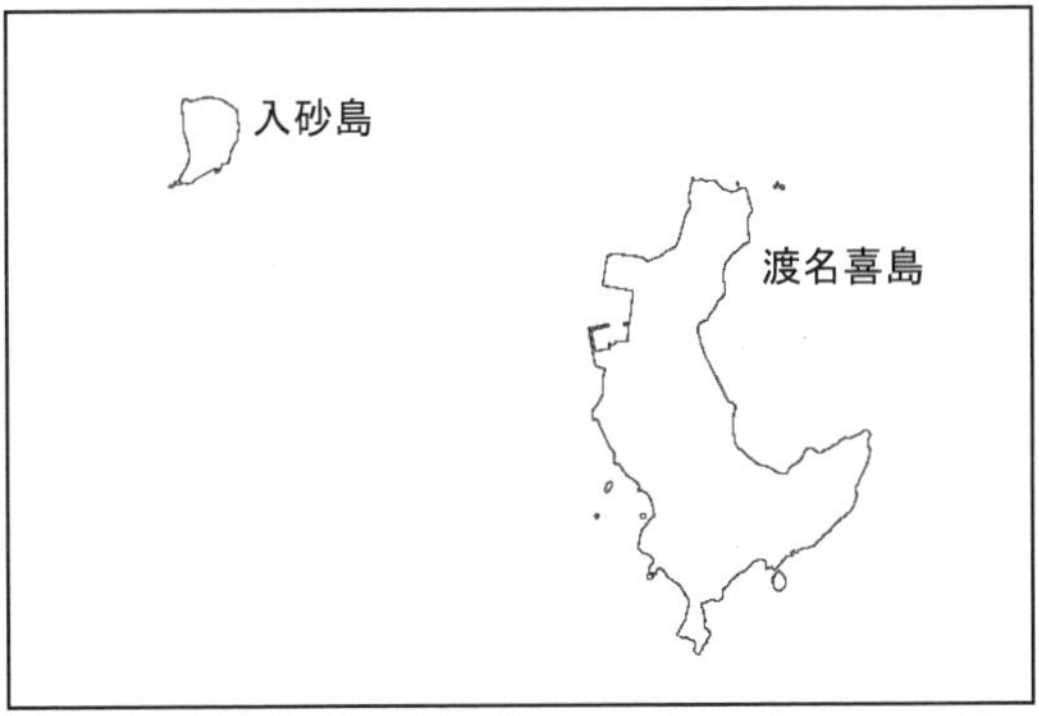

渡名喜紀行

那覇の西約五〇キロの洋上に浮かぶ渡名喜島は、周囲一二・五キロで、内面を東側に向けた三日月型の小島である。

初めて渡名喜島を訪問したのは、一九八二年の秋であった。目的は文化庁の「緊急民謡調査」で渡名喜島（村）調査の担当になったからである。

沖縄の秋は、ミーニシ（新北風）が吹き、離島航路は波が荒い。渡名喜行きは、久米島航路の「フェリーなは」（現在は「ニューくめしま」もある。また、高速船も運航しているとか……）を利用しての一人旅である。

当時渡名喜航路は、風速一〇メートルを越えると欠航するのが常であった。理由は港湾が狭く、大型船の出入港は危険が伴うため、快晴でも風が強ければ渡名喜へ寄港せず、久米島へ行ってしまうのである。

わたしの渡名喜行きは、海が荒れているため欠航となり、数日後波もおさまったのでやっと出発できた。民謡調査のスケジュールがあるので、内心ほっとした。

「フェリーなは」は、泊港を午前九時五〇分出航、十分も直進すると慶良間諸島が視界に

渡名喜島の祭祀の場・里殿の丘から集落を望む

広がり、座間味あたりに近づくと海面すれすれに何ものかが飛んでいる。よく見ると、その正体はトビウオであった。

しばらく行くと、お椀を二つかぶせたような岩の島が見える。その島こそ、めざす渡名喜島である。海抜一〇〇メートル以上もあると思われる奇岩絶壁は、人を寄せつけないかのように立ちはだかっている。

深い藍色に染まる海を眺めながら船はグルク崎、ナガバラ崎を過ぎ渡名喜港へ着いた。当時の所要時間およそ二時間。現在は一時間一〇分ほど。

渡名喜村の人口は六〇〇人余。沖縄県で最も人口の少ない村である。昔からシマチャビ（孤島苦）の悲哀を噛みしめてきた半農半漁の村。渡名喜島の北西四キロには入砂島（無人島、現在米軍の射爆場）がある。祭りのときだけ神女たちが参拝に訪れているという。

三日月型の渡名喜島は、西に久米島、北に粟国島、南に慶良間諸島を望み、ちょうどその内心円部に位置している。集落のある一帯は、かつて海であったとみられ、長い年月を経て砂が堆積し陸地になったようである。実際集落の各屋敷を掘っても掘っても砂が出るという。

台風対策上どこの民家も道路より低い位置に建てられている。雨が降っても砂地なので吸い込まれるとのこと。ところが、数年前の台風は渡名喜島の上空に数日間停滞したため、民家のほとんどが前代未聞の冠水に遭い大きな被害を受けたことが報道された。

砂丘につくられた集落は東、西、南の三区に分かれ、東側は不整然とした佇まいであるが、南と西は整然とした屋敷が印象に残る。

集落内を歩くと、白い漆喰でかためられた赤瓦の太い流れ、牧歌的な民家、強烈な太陽と照りつける白砂の道、常緑樹のフクギ群と、集落の造形美は県下でも抜群である。

そんなことから、渡名喜の集落は数年前「町並み保存地区」の指定を国から受けている。

島の聖地里殿の丘から眺める集落は、まるでおとぎの国のようである。

平地が乏しいため、かつての丘は「耕して天にのぼる」如く、段々畑の跡が頂上あたりまでみられる。いまは荒れ放題でススキが生え、足も踏み入れられない状態である。

わたしが訪問した何年か前に琉球大学のある教官がハブの犠牲になったとの話を聞いた。島人から「絶対ススキ原には入らぬように」とのアドバイスを受けた。

渡名喜を訪問して珍しかったのは畑の形状であった。いにしえの沖縄へ誘い込まれるような思いに駆られたのである。その理由は、集落周辺の低地に短冊形の畑が区画されていたからだ。土地の人に尋ねたら、地割制度の名残りという。

五〇メートル前後も続く短冊形の畑は小石やハマユウを点々と植え、それによって畑の境界線にしている。畦をつくるのがもったいないかのように、土地をまるごと耕作に生かしているのだろう。隣の短冊形の畑は、もちろん所有者が異なるのだ。

現在、もちキビ、芋、ニンニク、野菜類を主として栽培している。そんな狭小の土地だから、農業の機械化、集約化は難しく、したがって農業による島の振興は厳しい。だから、渡名喜は戦前から水産業が盛んで、鰹漁業を主体に沿岸漁業をおこなってきた。

二度目の渡名喜訪問は、数年前「しまうた紀行」でツアー客を案内したときである。

一五年ぶりに見る渡名喜は、大きな港湾ができ、社会資本の整備が進み変貌していた。

比嘉村長の肝入りで歓迎交流会が催され、その夜は新鮮なカツオの刺身とカツオのちらし寿司に舌つづみを打ち、古老たちによる「カシキー歌」（トーシンどーい系、カチャーシーの一種）で参加者一同熱狂的に乱舞した。

シマノーシのオモロ

一九八二年秋、渡名喜ノロ（祝女）でユタ（巫女）もかねている上原幸子神女（当時六七歳、大正六年生まれ、数年前他界）に会った。

ノロは方言で「ヌル」と称し、かつて沖縄本島、周辺離島では公儀の祭祀を司るためにおかれている女性の神職のことである。ユタとは、職業的占いをする女性をさしたが、一部に男性もいる。

ユタは霊視能力によって占いをするが、彼らは祖霊信仰、先祖崇拝と結びついている。上原ノロは、島全体の祭りだけではなく、島人の身の上相談（占い）もやっている。渡名喜は孤島ゆえに悩みも多く、上原ノロは島人から乞われてユタの活動もやってきたという珍しいタイプである。

わたしが上原ノロを訪ねたのは、島最大の祭り（シマノーシ＝島直し）でうたわれる「シマノーシのうた」（別名「ユレーヌユバル」）と、「ノーイ神のウムイ」（舟送りうた）を採集することにあった。

神職にある者は祭り以外の日に祭り歌をうたうことを好まない。神歌はハレの歌であり、ケ（日常）の生活ではうたっていないからだ。いわゆる、歌にはうたう目的とうたう場があるということを示している。

三〇分くらい雑談しながら訪問の趣旨を述べ、彼女をうたう気分に引き入れ「そろそろうたってみましょうか」と上原ノロが言い、ゆったりとウムイをうたったのである。「シマノーシのうた」と「ノーイ神のウムイ」は、いずれも沖縄の古歌謡「ウムイ」（心の中の思いに由来）の一種である。

〈音頭取り〉	〈唱和者〉	〈訳〉
はーい　はーい	〃	（かけ声）
はーい　はーい	〃	（かけ声）
しめーだーま	〃	シメ嶽
しめーむーい	〃	シメ杜
みまゆじゅーら	〃	目眉清ら

はぐきじゅーら　　〽　　歯口清ら

（以下略）

神（神霊）を招き、心待ちしていることを連々とうたっていた。

「シマノーシのうた」は、四日間開催される殿のアシビナー（神遊びをする庭）で一日二回演唱する。そのとき神女は扇を持って一列に並び、太鼓の拍子に合わせてゆっくりと一唱百和の形式で演唱する。

後半は太鼓の連打によりテンポを速める。このウムイ全体の曲節は単調で対句形になっており、五音連続形は南島歌謡史上でも古い。

「ノーイ神のウムイ」は、舟送りの祭りで、海や舟のことが演唱され、対句形式による叙事的展開がみられる。祭りの場は、里殿のある丘の中腹にある。ターチイシ（道端に二つの石が重なる場）から、東の海上を神女たちが一列になって「舟送りうた」を演唱する。

神々を迎えるシマノーシ

「シマーノーシ」は、別名「シヌグ」とも呼ばれ、沖縄本島・周辺離島のシヌグ、ウンジャヤミ祭りと同系の祭りである。三年に一度（隔年になる）行うので「ミチュマーイ」（三年祝い）とも呼んでいると上原ノロは述べていた。

祭りは旧暦五月一日を終日とし、その日はノーイ神の神送りの儀礼である。祭りの四日前から、次の順序で四つの殿で行われる。

一日目……クビリ殿
↓
二日目……里　殿
↓
三日目……ニシバラ殿
↓
四日目……ウイグニ殿

と続き、祭りは上げ潮のときおこなわれている。最終日のノーイ神の儀礼は、早朝下げ潮のときである。

『琉球国由来記』（一七一三年刊）でも「シマノーシ」の祭りは、四カ所の拝所でおこなわれていることが記録されているので、そこが現在残っている殿ではないかとみられている。ということは由来記が刊行されたころ、渡名喜には四つの村落があったことが推察される。祭りをおこなう神女（サシハー）は一〇人。昔は二、三〇人の神女集団であったという。

以上のように、この祭りは、農耕時代、草創期の旧家をまわり、シマを祓い清め、ギレミーチャン（始源の神）を、ノロやウプミーチャン（島神）が迎え、シマに活力をもたらすという内容となっている。そして、三年後の来訪を約束し、ノロ、ウプミーチャンがギレミーチャンを送るという壮大な神々のドラマである。

つまり渡名喜島の「シマノーシ」は、ニライカナイの神を迎え、ムラの豊穣と繁栄を予祝する豊年祈願の祭りである。

ニライカナイとオボツ山

同島ではニライカナイの神のことを「ギレミーチャン」と称している。

オボツカグラ（天上の神のいます所）の神のことを「ウプミーチャン」と呼び、それは島神のことのようである。ウプミーチャンのいますところは、ニライカナイと想定され、祭礼には渡名喜島の聖なる山（岳）にたどり着くという。

ギレミーチャン（ニライカナイからの来訪神）の神が水平にやってくるのに対し、オボツ神は天から降臨するとされている。

現在沖縄では祭祀に関わる「オボツ山」の言葉は消失し、文献にしか見えない。しかし、奄美の瀬戸内方面にはその名称が残っている。かつて同町の与路・請島を訪問したことがあり、古老は「祭りの日に神山（オボツ山）から神女が下山し、神道を通る。村人は全員ひれ伏して神女の通るのを見守る」とのこと。直接神女の顔を見ることは御法度である。

奄美では神山のことをオボツ山と現在でも呼んでいる。だが、オボツ山は必ずしも「天上の神の居所」と限定しなくても、聖なるところと考えてよいようだ。

■沖縄編

ラスト・チョンダラーの行方

さすらいの芸能・京太郎

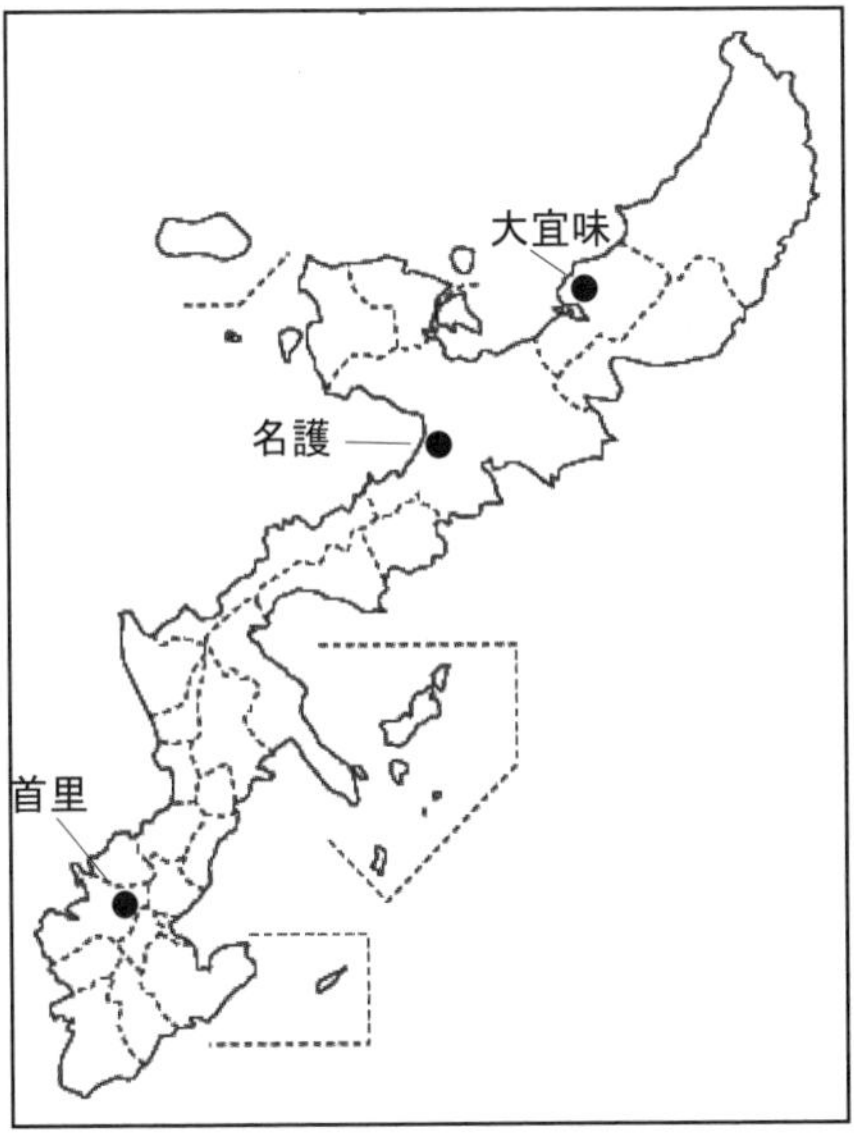

最後のチョンダラー芸人・クガニヤマー

『南島研究』三五号の「私が会った最後の京太郎」(児玉清子)は、沖縄のチョンダラー(京太郎)芸能伝承を知る上で、たいへん興味深い報告であった。一九五四(昭和二九)年、児玉清子氏(東京沖縄芸能保存会現会長)が若いころ名護の旧琉米文化会館でお会いした伝承者の玉城金三氏が八〇歳ぐらい、ヤマーと称する少し酒の匂いが残っていた人物が七〇歳ぐらいであったとのこと。

一九二四(大正十三)年、宮良当壮氏が首里のアンニャムラ(現那覇市の首里久場川町の首里リウボウあたり)を訪ね、そこであったカシラと呼ばれた玉城太郎は当時五〇歳くらいで二人の娘がいたという。のちに玉城太郎は死亡したとも……。ヤマーは三五、六歳ということ。児玉氏はもしかしたら、兄がさがし出した〝京太郎出身〟の両人は宮良氏が大正時代に会った人物と同一人ではないか、との興味津々たる提起があった。

クガニヤマーの足跡

平成元年以来、わたしは名護市主催の「しまうたフェスティバル」にかかわり、その実現にたずさわってきた。一九九七（平成九）年と九八年の二年にわたって「琉球弧に伝わる仮面芸能」をテーマに特集。地元名護市から九七年には呉我《ごが》、九八年には城《ぐすく》の〝七福神芸能〟に出演してもらった。

七福神とは、俗に福徳の神として信仰されている七神のこと。大黒天、恵比寿、毘沙門天、弁財天、福禄寿、寿老人、布袋。これらの七神が仮面として演舞する。

そんな経緯もあって、わたしは七福神の作者さがしを始め、関係ありそうな愛称クガニヤマー（本名 玉城金三）の追跡調査と検証作業に着手。らっきょうの皮をむくように、あるいは巻きついた糸を解きほぐすべく、ついに遺族をさがし出したのである。

沖縄本島のやんばるに七福神芸能を普及した人物こそ、実は児玉氏が五一年前、名護でお会いした玉城金三氏だったのである。調査をすすめた結果、宮良氏が大正時代に首里で会った玉城太郎なる人物と児玉氏が会った玉城金三は別人であった。その根拠は、後で金三の出生で説明したい。

また、名護でクガニヤマーの相方をしていたヤマーなる人物は、大正時代宮良氏がアンニャムラで会った人物と同一の可能性が高いように思われる。

話は前後するが、本土在住の舞踊家児玉清子氏は、小さいころ久米島でみたチョンダラー

チョンダラー芸能　ウマメーサー（馬メーサー）

芸の「サントゥリ　サーシヌ　ミーサイナ」（小鳥刺しを見なさいな）という鳥刺舞の珍しいことばとリズムの反復、指を天にさすような身振りが鮮烈な印象をもって脳裏を離れなかった。

戦後間もない一九五四（昭和二九）年、児玉氏はチョンダラーおよび彼らの芸能を調査するため沖縄旅行を決意し、七カ月も沖縄に滞在した。そのころ教員をしていた兄に「アンニャムラに住んでいたというチョンダラーはどこに行ったのでしょうか。なんとか会いたい」旨相談をもちかけた。兄は「そんなことわからんよ」と剣もほろろであったが、妹のなみなみならぬ情熱を知り、東奔西走して、ついにチョンダラー出身（と思われる）者をさがし出したのである。どういう方法でさがしたかは話さなかったという。そしてチョンダラーたちとの対面を旧名護琉米文化会館（現名護市役所あたり）に指定した。

チョンダラー芸能「早口芸」

名護琉米文化会館は、当時録音施設が充実していたのだ。兄が案内してきたのは二人。一人は八〇歳くらいの愛称クガニヤマーこと玉城金三氏。もう一人はヤマーなる七〇歳くらいの酒の匂いの残っている人物であった。

琉米文化会館では「京の下り」「御知行」「馬舞者」「鳥刺舞」などの歌や口上、演舞を見学取材した。二人の息の合った演舞に児玉氏はすっかり吸い込まれ、チョンダラー芸能の深い味わいに感動したという。

七福神芸能は沖縄演劇の名優・渡嘉敷守良(一八八〇〜一九五三、明治十三〜昭和二八)の作。渡嘉敷師匠は首里の鳥小堀(とぅんじゅむい、現鳥堀町)で生まれ、七歳で仲毛《なかもう》芝居に入り、組踊や舞踊を御冠船役者の松島親雲上《ぺーちん》や嵩原安宏から習い、大阪で演劇の勉強をするなど玉城盛重、新垣松含《しょうがん》と並ぶ舞踊家。一九〇五(明治三八)年、球陽座を結成、創作や劇団活動でも才覚を発揮している人物である。

「七福神」はその渡嘉敷守良師匠の創作。やんばるには、クガニヤマーこと玉城金三氏が名護に生活や活動の拠点を移してから広く普及した。北部の七福神は演舞の曲目をすべて入れかえ、内容構成に工夫を凝らし村踊り（豊年祭）に定着させた。今日ではやんばるの豊年祭の目玉の一つになっている。

ところで、クガニヤマーの追跡調査をすすめていたら息子が那覇に住んでいるとの朗報が入ってきた。一九九八（平成一〇）年十一月十二日、わたしはクガニヤマーの息子・玉城常正氏（一九二四年　昭和二年生まれ）宅をさがし訪ねることにした。常正氏は公務員出身だが定年後病気療養中で、ちょうどその日はデイケアで不在であった。かわりに妻のヤス子さん（一九二四年　昭和二年生まれ）から夫のお父さん、いわゆる金三氏のことをいろいろ取材させてもらった。その数年後、常正氏は他界した。

首里からやんばるへ

首里出身役者玉城金三は、やんばるの人たちにクガニヤマーとかクガニヤマースー、晩年にはクガニヤマータンメーと尊敬をこめた愛称で呼ばれていたという（本稿ではクガニヤマーの表記で統一）。その愛称について嫁のヤス子さんに尋ねると、「父（金三）の仕事が金細工（カンゼーク）をしていたので、職業名がいつの間にか玉城金三の愛称になったのでは」と語っている。

ただなぜ「クガニ」だけでなく「ヤマー」が付いているのか、宮良氏や児玉氏が会った「ヤマー」とやんばるでコンビを組んで芸を披露していたから「クガニヤマー」になったのか、その辺の事情を知っている人は残念ながら一人も居らず、愛称については謎が残っている。

やんばる方面でクガニヤマーと呼ばれていた玉城金三氏は、一八七八（明治十一）年五月十日、首里区字寒水川《すんがー》四番地で生まれる。祖先は与那城姓。金三は日露戦争に軍曹として出征し、帰郷すると次男は他界し、長男は財産を食いつぶし三男金三たちの生活はきびしかったようである。

もともと芸能が好きで、若いころから渡嘉敷守良師匠の指導をうけていた金三は、アンニャムラにも出入りし、スンガー芝居の一員であった。明治四〇年代には、スンガー芝居の劇団員として大阪で興行したこともあったという。

なぜ、首里からやんばるへ生活の拠点を移したかは判然としないが、考えられるのは首里の玉城家の崩壊とどん底の生活から脱出をめざしてのやんばる下りではなかったか、ということである。当時の役者たちはやんばるに移り農業に従事した者も多かったようである。大阪公演を終え、金三は名護に移り住むようになった。当初は字城へ、その後大南へ移った。首里時代の金三は男三人、女一人の四人きょうだいであった。名護に移ってから大宜味村出身の妻ナエとの間に男二人、女四人の六人の子がいた。

首里時代の金三は、若いころからアンニャムラに出入りしていたことはすでに述べたとおり。戦前まで首里の人はアンニャムラというだけで警戒し、差別意識が強かった。金三はチョンダラー芸を舞台にのせた一人ではないかとみられている。泡瀬や宜野座の「京太郎」芸は、チョンダラーたちの芸を舞台芸能化したもの。

名護に移住したクガニヤマーは、村踊りの指導で、各地から引っぱりだこであった。彼は名護はもとより羽地、久志、東、大宜味、国頭、今帰仁と広い地域で活動してきた。

大宜味で指導しているときに、田嘉里出身のナエさんと知り合い結婚した。大宜味村謝名城《じゃなぐすく》からは、豊年祭の功労者として一九八五(昭和六〇)年、功労賞を受賞(代理)している。

嫁のヤス子さんによれば、「私が嫁いだころ、父金三は名護の大南に住んでいました。仕事は金細工《かんぜーく》。手先が器用で、舞踊の鶴亀や松竹梅の小道具、面、屏風なども手づくり。ミシンも使い自分で服もつくり、きわめつけは自分が死んだときの葬式用の花も生前自分でちゃんとつくっていたほどです」という。

ほかにヤス子さんが感心したのは、料理の味つけ、食材のさばき方は職人芸で、とにかく芸能だけでなく生活全般にわたって非凡な人物であったようだ。また、村踊りの指導で辺野古から米をもらったりもしていた。「主人・常正が今日あるのは、父金三の労苦と教えがあったなればこそ」とヤス子さんは語っている。

金三翁の写真を見せてもらった。端正な顔立ちで、品格の感じられる風貌が印象的である。「あれだけの芸を身につけ、しかも小道具づくりもうまい。村踊りの指導者としては抜きん出ていた。ところが、父金三の時代は芸能文化に対する社会の認識は薄く、今のような時代だったらきっと高い評価を受けていたでしょう」とヤス子さんは述懐している。

クガニヤマー翁と豊年祭

沖縄本島北部で豊年祭のことを「八月踊り《はちぐゎちをぅーどぅい》」、「村踊り《むらをぅーどぅい》」と称している。豊年祭は新しい時代になってからの呼称。クガニヤマーが直接指導した地域と代表的演目は、大正五年に大宜味村田嘉里に「高平万才」「金細工」、歌劇「仲順流れ」、「樫の木」「馬山川」を。大正六年、名護市（旧羽地村）仲尾次の村踊りでは「高砂」「猩々《しょうじょう》」。字呉我も仲尾次と同じころ、組踊、劇、京太郎《ちょんだらー》芸や「かしかき」を指導している。

大正七年東村有銘に「奇縁の巻」「俄仙人」を。大正一〇年国頭村浜にも指導（演目不詳）。大正一五年大宜味村謝名城に「高砂」「平和」「七福神」を。昭和六年名護市（旧久志村）辺野古に「七福神」「俄仙人」を。ほかに名護市（旧羽地村）真喜屋に「蝶千鳥」を指導。名護市（旧羽地村）古我知の「かしかき」は、呉我から伝わった。昭和二七年今帰仁村湧川に「七福神」を指導。当時の区長は玉城武川氏。

やんばるの各村落に伝承された仮面芸能としての七福神は、明治のころ創作された渡嘉敷守良師匠の作。やんばるへの普及はクガニヤマーの活躍によって定着したのは前述した。内容（演目配置や曲目）をすべて改変して……。

クガニヤマー（玉城金三）は若いころからアンニャムラに通い、スンガー芝居の一員となり、名優渡嘉敷守良師匠の高弟であった。そんなことからクガニヤマーは、首里のスンガー出身ながら人々に蔑視されてきたチョンダラーたちを理解し、彼らの多彩な芸に惚れ込み、スンガー芝居の出身芸人として一九五〇年代まで、やんばるで指導普及にたずさわってきた。そういう意味では、最後のチョンダラー芸人といってよい。やんばるに日本本土の祝福芸やチョンダラー芸を伝承し、各村落の豊年祭に定着させた功績は大きい。

クガニヤマーが指導した地は、今日でも豊年祭が活発であり、伝統芸になっている。チョンダラー芸の最後の使者クガニヤマーは、一九五七年四月二九日、八〇歳の生涯を閉じた。

さすらいの芸人　チョンダラー考

日本の芸能の歴史を考えると、能や歌舞伎などをまず考えてしまう。いまや、世界的にも評価されている能をはじめ歌舞伎、人形劇などは、すべて賤民と軽視されてきた人々によって創始され、演者の変遷の過程で磨かれてきた。ところが草創期において多くの民衆から歓待されたこれらの恵まれない人たちは、ある時期をのぞけば、山裾の寒々とした土地へ追いやられてしまったという。

わが沖縄の芸能の歩みをみても、チョンダラーなどの遊行芸人は社会の底辺で苦吟しながら、どん底の生活を強いられてきた。しかも、これらの差別をうけてきた人たちのナマの声は他に伝わることは、あまりなかったようである。

沖縄のチョンダラーはニンブチャー（念仏者）、ムヌクーヤ（物乞い）とさげすまれながらも、日本本土で身につけた諸芸をひっさげ、琉球列島を行脚し、門付芸などを披露してきた。かれらは首里のアンニャムラに根を下ろし、祝いごとがあれば万歳を奏し、余興に鳥刺舞や春駒を演じた。かれらの芸は琉球列島にわずかながら根づいている。チョンダラーは日常フトゥキマーサーと呼ばれているように、仏（人形の意）をあやつり、さすらいの芸人として遊芸を行ってきた。

かれらはどこかで法事があればその家を訪ね、念仏をうたい、となえてきた。宮良当壮氏の「沖縄の人形芝居」（大正一三年）には、念仏歌の種類が報告されている。念仏歌とエイサーは関係が深い。沖縄におけるフトゥキマーサー（人形芝居）は、四国阿波（徳島）では「箱まわし」と呼ばれている。本土・沖縄を問わず、人形は本来「神」そのものと考えられていたようである。

チョンダラーは本土から流れ、沖縄の首里の一角に住みつき各地を行脚したクグツまわしをさす。アンニャムラのチョンダラーたちの伝承では、京都から来島した由来譚がある（「沖縄の人形芝居」）。時代的には一六〇〇年前後。徳島出身の知人によれば、阿波の箱まわしも時代的にほぼ沖縄と同じとみられているという。沖縄のフトゥキマーサーや、阿波の箱まわしは、どこかで同じ血をひいていることは間違いないだろう。

阿波の箱まわしのルーツは、水とかかわりのある生活を余儀なくされていた水面生活者（たとえば「いかだ流し」など）が地上に移って形成されたのでは、と伝えられている。そんなことから「漂泊の海人族を元祖とするクグツの血脈をたどっていくとなれば、むしろそ

チョンダラーが創作し、沖永良部で普及したという「くんじゃんヤッコ」

の芸と生活の本流はこうした京太郎などに伝えられたとみる方が正しい」（三隅治雄著『さすらい人の芸能史』）ようだ。

「クグツ」のルーツは、中央アジア、中国を経由して日本に入ったとも伝えられている。室町時代の末ごろには全国に分布し、各地に土着して物乞いや興行を続けていたようである。

かつて芸能者は遊民とみられ、本土では「河原乞食」とか「河原者」と呼ばれ、蔑視されてきた。「芸能が、権力者が主催する饗宴・供応の場で見世物としておこなわれている際には、はじめから観る側と演じる側との間には〈上・下〉〈尊卑〉という関係性が成立していたのです。そして彼らには、人を楽しませ慰めた代償として物品が授与され、いや投与されたのです」（諏訪春夫・川村湊編『アジア山

民　海民の民俗と芸能』）……と。

まさしく、沖縄のチョンダラーは、社会の底辺で呻吟しながら、自らの芸を島々村々を巡りながら売ってきたさすらいの芸人であった。かれらはフトゥキマーサーとしての聖なる世界と、死者を弔い浄化する両面を背負い、人々のこころを洗い清めてくれた。それは、彼らが浄土宗（極楽浄土に往生することを願う宗派）の念仏者たちであり、かれらの芸能には信仰的要素が多分にあったからであろう。

沖縄編

■奄美編

恨みの断崖〈山と与路節〉考

与路島

流刑の島の記憶

沖縄の本土復帰後、調査のため琉球弧の各地をまわるにあたり、わたしは二度と行けそうにない辺ぴな地を優先しようと考えた。瀬戸《せと》内町の与路（よろ、方言では「ユル」）は、奄美で最も不便な島である。

与路へ行くには、奄美の中心・名瀬市から急峻な山をいくつも越え、瀬戸内町の古仁屋で定期船に乗り換えなければならない。古仁屋は琉球王朝時代から、太平洋側海上交通の要路であった。

ところが、明治以降奄美の政治・経済・文化の中心が名瀬に移ってからは、海上交通も西側（東シナ海）コースに移動したため、古仁屋はすっかり陰になってしまった。その結果、現瀬戸内町域の過疎はどんどん進むばかりである。

さて、古仁屋港で乗船した定期船は大島海峡に出て加計呂麻《かけろま》島の東から外洋に抜けていく。しばらくすると、請島《うけじま》の島影が見える。同島には池地《いけち》と請阿室《うけあむろ》というふたつの集落がある。

定期船は請島のふたつの港に寄る。定期船の寄港は、島がにぎわう。さあ、めざすは与路島である。与路は一島一字で、薩摩藩政当時は、奄美の流刑地として有名だった場所だ。切り立った断崖に囲まれたこの島は、港を封じ込めば流人が島を脱出することはまず不可能である。また、島と島の間は波が荒い。

島へ上陸して民宿で旅装を解くや、すぐ集落内を散歩した。どの家も灰色にくすむテーブルサンゴ石を、人の背丈より高く積み、屋敷の内側は見えない。台風よけが主な理由と聞くが、それだけではないだろう、とわたしは勝手に想像した。あの高く積み上げた石垣は、ひょっとしたら自分の屋敷内をのぞかれたくない島人の歴史と関係あるのでは？と。

集落内はさびしく異様な雰囲気を感じた。島人はよそ者に警戒心があって、古い話に詳しいA古老は、なかなか腹を割らない。会話がはずむまでにはかなり時間を要した。あれから三〇年以上になる。現在は島も開けているだろう。

その夜お会いしたB古老（当時八二歳）は、また別であった。沖縄からの旅人に親しく接してくださり、焼酎をくみ交わしながら話しあったのである。

「わたしたちは、鹿児島本土の人が国会議員に立候補しても、絶対支持しません。薩摩には恨みつらみがあります」と。鹿児島（薩摩）に対する怨念は凄いものがあった。明治中期生まれの人たちまでは、薩摩時代への怨嗟の思いは強い。

B古老から聞いた「サンチョウティバナ」断崖での凄惨な処刑の話は衝撃であった。その内容は次の通り。

藩政時代、流人の島・与路へ島送りされたある流人の処刑が決まり、サンチョウティバナに連行され、恨みの断崖に立たされた。

そのとき、くだんの流人は次のように懇願したという。

「役人さま、わたしは生まれながらの臆病者で、海を前に向くことはできません。お願いですから、海を背にして突き落としてください」と。

役人は「よし、お前の望みをかなえてやろう」と、流人の最後の要望を聞いてやった。そして、次の瞬間役人が正面から流人を突き落とそうとするやいなや、流人は役人の胸ぐらをつかみ、道連れにしたのである。二人は断崖をまっさかさまに落下し、海のもくずと消えた。

この光景に遭遇した他の死刑執行の役人たちは仰天した。恨みの断崖サンチョウティバナにおける処刑は、以後禁止になったという。

残虐な与路島における藩政下の話を聞いたわたしは、翌日サンチョウティバナへ行く決意をした。午後四時半ごろひとり断崖へ行く途中、山羊の草刈りをしている古老に出会った。断崖へ行く道を教えてもらったところ、「ハブが多いので気をつけるように」と注意を受け、岩場の斜面をおっかなびっくりでやっとサンチョウティバナに登った。頂上の周囲は自生のソテツが茂っている。

汗をぬぐいながら断崖の下をおそるおそる見た。真下の海は、岩に砕ける波が渦を巻いている。めまいを感じるような気分になった。

B古老から昨夜聞いた藩政時代のむごい刑の話が脳裏をよぎった。いま自分が立っているこの断崖で、かつて多くの流人が処刑されてきたのである。「長居は無用」と自分に言い聞かせ、陽のあるうちにその場を離れることにした。

間切分け

与路島に間切(昔の行政区画)分けの「山《さん》と与路節」や、継子いじめのうた「でんなご節」など、味わい深いしまうた(民謡)がある。今回は役人の横暴に対し、呪いをかけ難破させるという「山と与路節」の説話を紹介したい。

与路島は、現在瀬戸内町に属しているが、昔は徳の島山《さん》というムラと同じ親ノロ(祝女)の支配下にあったという。ノロ制度は琉属時代(琉球王朝時代)の影響である。

昔、琉球の神女組織は首里の聞得大君の下に首里大あむしられ、真壁大あむしられ、儀保大あむしられがおり、その下に各区域ごとにノロがいて、その下に神職がいた。

当時奄美大島は、首里大あむしられの系統に属し、ノロが新しく就任したり、離任する際は、首里から辞令を発せられていた。また、奄美大島の統治形態は、大屋子が大島全体を統治。その下に与人、横目が置かれている。

徳の島の山ムラは、昔から開けた港ムラで、同地からは大島本島の加計呂麻、与路、請島がはっきり見える。人々の交流も多く、かつて与路島から板付舟（沖縄のサバニのような舟）に乗って徳之島に渡り、歌、三線で遊んで帰るということが当たり前のように行われていたという。「山と与路節」では、

山とぅ与路島や
　親ヌルや一人
船割りゃぬ居てぃどぅ
　間切分かちよ

と、うたわれている。この歌には次のような痛ましい事件があり、以来徳之島の山ムラと与路は間切を分けられたという。

ある日、徳の島山ムラの親ノロが自分の管轄にある与路島に行こうとしたが、船便がない。困っていたとき、山から与路へ行く公用の役人の船が出航することになり、それに乗せてもらった。

親ノロは若く美しい姪を連れていた。船は山ムラ沖を過ぎ、与路島に向かって進んでいたが、役人は姪の美しさに心を奪われ、何とかしようとよこしまな考えを巡らせていた。ここは海の上、何の気兼ねもいらない。ところが、親ノロはピンと感じるものがあり、姪にぴったりくっつきスキを見せない用心ぶりであった。

役人はいらだった。いっそのこと、親ノロを亡き者にして、姪をいただこうと考えたのである。そして、部下の乗組員に竹の筒に入った水を飲ますよう命じた。もちろん、この竹筒の水には、毒が入れられているのだ。

親ノロは役人に対し、さらに疑心暗鬼を抱き、この水を拒絶した。ところが、姪が飲もうとするので、「飲むな！」と目で合図をしたが、姪には通じず、若い姪はその水を飲んでしまった。姪は無惨にもその場で死んでしまったのである。

さて、役人は「もう親ノロは死んでいるだろう」と船室へ行ってみると、中からは何と三線が流れてくるではないか。「これはいったいどういうことなのか」。役人は不思議で気味悪く思った。

親ノロは、とっさに船内にいたカニを三線の糸に結びつけた。カニが動くたびに三線が高鳴りし、役人は怖くなった。船はやがてサンチョ離れ（サンチョウティバナ近く）に近づいた。入港は間もなくである。

そのとき、役人に姪を殺された悲しみと怒りでいっぱいであった親ノロは、役人にすばやく呪いをかけ、暴れまくったという。ついに船は転覆し、全員海のもくずと消えたのである。そのことがあって以来、徳之島の山ムラと与路は、行政的にも、宗教上も分離されたと伝えられている。

この悲しい説話をもつ「山と与路節」は、哀愁が漂い胸をうつ。ところが、瀬戸内町のある地域では、この「山と与路節」が正月うたとして位置づけられているからびっくりする。なぜ、そうなったか古老に尋ねても分からない。おそらく影響力のある人物（歌い手）が正月うたとしてうたい出し、民衆が真似をし定着したのではないか。しまうたの伝承過程で別れうたがある地では、正月祝いうたに変容した例もあるからだ。

■奄美編

世にも哀しい〈かんつめ節〉物語

奄美大島

悲運のかんつめ

一九七四年、初めて奄美大島へ出発する前、わたしは「南海の歌声」という本土大手レコード会社の奄美民謡のレコードを入手した。その中に「かんつめ節」も入っていた。早速聴いたかんつめ節の印象は、まっくら闇をイメージするほど重苦しいものであった。

さて、訪問最初の地は瀬戸内町の嘉鉄《かてつ》という歌遊びの盛んなところであった。この集落は、わたしのしまうた行脚に多くの刺激を与えてくれた地として位置づいている。歌遊びに参加させてもらい、神秘な裏声を身近で耳にしたのもそのときが初めてであった。

翌日大島海峡を西へ進み、山を越え宇検村へ行った。字名柄《ながら》の幸嶺《みゆき》園翁と吉久文吉さんを訪ね、かんつめ物語を聞いた。どういうわけだろうか、わたしは少し緊張していた。あの物悲しいかんつめ節の呪歌に呪縛されたかのように……。

物語の大要は次の通りである。

薩摩藩政当時、焼内《やきうち》間切（現宇検村域）の須古《すこ》にかんつめという十八、九の美しい娘がいた。彼女の家は貧しく、どん底の暮らしであった。そんな家庭の事情で、かんつめは隣ムラ名柄の豪農のところへヤンチュ（家人）として身売りされた。

ヤンチュとは、藩政時代、奄美諸島にあった身分のひとつ。高い租税に耐えられず、富農に身売りした奴隷同様の身分であった。ヤンチュの起源ははっきりしていないが、奄美のもっとも苦難な時代の制度で、ヤンチュが解放されたのは明治に入ってからという。

奄美では一般の農民が上納米や砂糖を納めることができなければ、その代償として自分の子供を身売りする以外に生きる道はなかった。奉公とは名ばかりで、いったんヤンチュになると生涯奉公先に縛られるため、ヤンチュたちは生きる望みを失い、悲劇は続出したのである。

ヤンチュ同士の男女から生まれた子は「ヒザックヮ」と呼ばれ、生涯ただ働きをさせられたという。

もともと色白美人で賢いかんつめは、同じヤンチュの間でも一段と光っており、同僚は彼女の美しさを妬み、意地悪をしていた。そんなとき、奉公先の主人は、いつもかんつめをかばっていたという。

ところが、主人の態度には裏があった。主人は奉公に来たかんつめをひと目見て惚れこんでしまったのである。そして「いつかは自分のものに」と、あの手この手の策をめぐらせていた。

かんつめの仕事はめし炊き、草刈り、薪取りが中心で、ヤンチュ仲間の中でもよく働いたという。そのうち、山を越えた大島海峡沿いの久慈《くじ》（現瀬戸内町域）に住んでいた役場の書記をしていた岩加那と親しい関係になった。

事の発端は、ある日岩加那が公用で名柄の豪農の家に寄った際、饗応を受け得意の三線を弾いて歌遊びが始まった。しまうたのうまいかんつめも主人に呼ばれ、岩加那の相手を命じられた。

ヤンチュのかんつめにすれば身にあまる光栄と喜び、心を込めて歌を掛け合ったという。歌掛けを通してかんつめと岩加那は意気投合した。それからのあとは、二人とも一日の仕事を終え、夜な夜な佐念《さねん》山に登り密会を重ねたのである。相思相愛の二人は、やがて将来を誓い合う中になっていた。

ある日、奉公先の主人はかんつめに自分の気持ちを告げるのだが、かんつめはまったく相手にしなかった。かんつめの頭の中は、もう岩加那のことばかりであった。

いつも袖にされてきた主人は、思いがかなえられず、「可愛さあまって憎さ百倍」の例えどおり、いらいらが高じ、かんつめに辛くあたるようになった。そんな夫の態度を妻が見抜かないわけはない。自分の夫が若いかんつめに心を奪われていることに激しく嫉妬していた。

さて、毎夜岩加那と逢い引きをしていたかんつめは、昼間居眠りをすることがあったという。ある日そのことをヤンチュ仲間が女主人に告げ口をした。さらに追い打ちをかけるように、名柄のある人が「佐念山でかんつめは他シマの男と逢い引きをしている」と密告したのである。

女主人は、かんつめがムラの青年たちとの交友を避け、毎夜姿を消していることに不審を抱いていた。さらに、自分の夫まで彼女に夢中になっていることも許せなかった。もう怒り心頭である。

ある日女主人は「かんつめ、こっちへ来なさい。お前は他シマの男と遊んで、いい仲になっているというではないか。ヤンチュのくせに、なんていう女だ。しかも、日中居眠りだけしているというではないか。戒めを与えてやる」

と言ったかと思うと、女主人はかんつめに殴る蹴るのリンチを加えたのである。ヤンチュのかんつめにすれば、女主人にさからうことはできない。ただ詫びるだけである。

嫉妬に狂った女主人のむごいリンチはさらに激しくなり、ついに木の燃え残りを持ち出し、かんつめの下腹部に押し当てたのである。かんつめは悲鳴をあげ、その場に失神した。

日ごろかんつめを憎んでいたヤンチュ仲間も、女主人の暴走に身震いし、かんつめに同情したという。

凄惨な死

その夜、かんつめは女主人に痛められたからだをさすりながら、女性の大切な部分を壊された恥辱と悔しさ、悲しみで震え泣いた。「こんなからだで、もう岩加那に合わせる顔がない。ヤンチュだって人間だ。なぜ恋すら認められないのか」と、かんつめは女主人への恨みつらみで涙が止まらなかった。

翌朝、女主人の命令でヤンチュ仲間とともにかんつめも薪取りに佐念山へ行った。薪を取り終えて同僚を先に帰し、かんつめは一人山に残った。足はいつしか岩加那と楽しく過ごした場所へ向かっていた。そして、林の中で首をくくり、あたら若い命を絶ったのである。

昨日のリンチ事件や、かんつめが追いつめられ急迫した事情を知らない恋人の岩加那は、いつものように佐念山の二人の合流場所へ来たが、かんつめの姿は見えなかった。「遅い」と思いあたりをよく見ると、なんとかんつめは木の下で死んでいるではないか。近づいて見ると、からだ中が傷だらけである。「これはむごい」。岩加那は驚き悲しんだ。

岩加那は何があったか直感した。「きっと奉公先の仕打ちだ。こんな姿になるんだったら、早く身受けしておけばよかった」と屍《しかばね》にすがって無念の涙を流したのである。

間もなくして、かんつめの痛ましい死はムラ中に伝わった。その後、名柄の豪農の家ではかんつめの亡霊が出たり、変死が続けざまに起こり、豪農一家は没落したという。

そのことがあって、何年か後、名柄の屋宮太吉《おくみやたきち》という人物が、このかんつめの悲話の歌詞をつくり、昔からある「草なぎ節」にのせたという。この曲は、かんつめの生前の愛唱歌であった。

かんつめの悲話と胸を突くようなかんつめ節は、野を越え山を越え、海を越え、奄美全域へ広まり、世の多くの人々の涙を誘ったという。なお、かんつめが自殺した場所は、佐念山の林の中と、名柄の砂糖小屋の二説があるが定かではない。

かんつめは奴隷同様の身分のヤンチュだったので、ちゃんとした墓はない。かんつめの亡きがらは、出身地須古のある土手に葬られている。一度、宇検村民謡の研究家・村田有佳さんの案内で参拝したことがある。よそ者には、まったくわからない場所だ。

名柄の老人会はかんつめの悲話を後世に伝えようと、小さな石で碑を建立した。のちに、碑は地元新聞社が募金して大きな石碑に造りかえている。場所は佐念山頂上の山道から二〇メートルほど林の中に入ったところ。

お会いした名柄老人会の幸嶺園翁は「碑のある場所は、かんつめと岩加那が逢い引きをした場所と伝えられているが、どういうわけかそこだけは草が生えず、人々に怖れられていたので、供養のためにこの場所に碑を建てたのです」と語っていた。

わたしは過去四、五回かんつめの碑を訪ねている。最初は名柄老人会が碑を建立して間もない頃に。その後は瀬戸内町へ行くとき、わざわざ山越えをして碑を訪ねたことが何度かある。

一度は次のようなことがあった。古仁屋から宇検村の調査で移動した際、軽貨物車を利用して佐念山へ登ることにした。ちょうど佐念山の峠に差しかかったので、軽貨物の運転手に「かんつめの碑に参拝に行きますが、一緒に行きませんか」と呼びかけてみた。すると、運転手は「いや、いや、あの林の中は怖いので、あんた一人行ってくれ」と断られたことがある。

そこで、運転手を車に残してわたし一人山林に入り、参拝した。山道の軽貨物車に戻るや、運転手は「あんたは、ああいうところ怖くないのか」と聞いてきた。わたしは「一番怖いのはハブで、幽霊話とか、かんつめの碑や伝説の場所は怖くない」と答えると、運転手は信じられない、という表情をしていた。

宇検村や瀬戸内町方面の人々は、かんつめの亡霊話や「大島いまじょう小」の亡霊をほんとうに今でも信じ怖がっていることを、各地で多くの人と話し合い感じている。

それかあらぬか、ヒギャ（南部大島方面）では、夜半かんつめ節はうたわない習慣になっていることも理解できるように思った。

山深い奄美の辺ぴな地は、もちろん街灯がなく、夜はまっくら闇である。くら闇は人々の恐怖感と想像力をかきたてる。だから、よけい怖さが増す。

歌と物語　かんつめの死を歌う哀傷歌

物語歌は、古謡のあとを受けて発展してきた。歌と物語が結びついた物語歌は、自分自身の出来ごとや悲しみ、哀れさをうたっているのではない。同一社会の中で、ある人物や事象を悲しみや哀れさ、皮肉をこめてうたっているのである。

物語歌は、物語があってこそ真実のことがわかるのであり、物語に支えられて歌は存在する。言うなれば、物語歌は叙事的性格と抒情的性格の両面を持っている半抒情歌である。

琉球弧で物語歌の豊かな地は奄美や八重山・宮古であり、沖縄は少ない。そのような地域差が起こるのは、その地の歴史の進展と大いに関係がありそうである。物語歌が抒情歌になりきるには、物語性を捨て去らねばならない。

　さて、歌謡伝承は多くの場合ねじれて人々に伝わっていく。有名な歌であればあるほど異説も多い。だから何が真実かはだれもわからない。われわれは数ある伝承の中からその主意を掴めばよいのである。

　奄美調査の過程で、かんつめ伝承もいろいろあった。たとえば、かんつめを虐待したのは夫人だけでなく、主人夫婦であったとか、主人の妹であったという伝承もある。また、かんつめ物語は、豪農とつながりのある子孫であるか否かによって語る内容の差が大きい。

　ほかに次のような話も聞いた。二〇余年前、宇検村民謡保存会主催の史跡巡りがあり、一行はマイクロバスに乗ってかんつめを葬った地を訪ねたという。その後、佐念山の碑を見学して帰ったところ、参加者全員に異変が起こり頭痛に悩まされたとのこと。保存会長の村田有佳さんは「墓や故人をしのぶ場合、酒や線香を準備して参拝するのが古くからの習わしであるが、史跡巡りの一行はそれをしなかったので、各人からだに異変が起こったのだろう」と感想を述べていた。

　のちほど、村田さんはかんつめを葬った須古のその場所へわたしを案内してくれた。もちろん、出発に際し酒と線香を準備し参拝したことは言うまでもない。

また、次のような話も耳にした。今次大戦前のことであるが、現瀬戸内町久慈のユタたちが佐念山へ登ったとき、かんつめと恋人の岩加那の二人を見たとのうわさが近隣のムラへ伝わり、人々を恐怖におとしいれたことがあったという。

そんな奄美の風土を識ることによって、悲恋かんつめ節の世界も理解できるのではないか。かんつめ節は、かんつめと岩加那の生前のことをうたった歌詞は少ない。ほとんどはかんつめの死を教訓化した哀傷歌である。

では、かんつめ節の歌詞をいくつか紹介しよう。

○かんつめや名柄　岩加那や真久慈
恋路隔《ひだ》むとてぃ　思《うみ》ぬ深さ

（訳）かんつめは名柄、恋人の岩加那は山を越えた久慈に住んでいる。

二人の恋路はで隔てられているが、思いは深い。

○かんつめ姉《あぐ》くゎが　明日死のしゃん夜や
久慈下《う》り口ぬ佐念山なんて　提灯うまちぬ　明かがりゅむんとぅ
(訳) かんつめが死のうとした前夜は、久慈下り口の佐念山で提灯の火が飛んだって
ことよ (火が飛び知らせがあったこと)。
※「あぐ (あご)」は奄美における娘の呼称。沖縄は「あんぐゎ」、伊豆大島は「あんこ」

○ゆびがでぃ遊《あすぃ》だる　かんつめ姉ぐゎ
明日が宵《よね》なれば　後生が道に御袖振りゅり
(訳) 昨夜まで一緒に遊んだかんつめは、翌日の夜になれば、後生の道へ行き、袖を振っ
ている。

○をぅなぐぬ子《くゎ》や　きじめんしょんな
名柄かんつめ姉が　死じゃるようし見ちなきちな

（訳）女の子のあやまちを、ひどく責めるものではありませんぞ。名柄かんつめがどのようにして死んだか聞きましたか。そんな例もあるのですよ。
※「きじめんしょんな」は「いじめてはいけませんよ」の意。

○後生が道や　如何しゃる旅が
行きゅん人《ちゅ》のかすぎ　戻てぃいもらんが不思議

（訳）後生（あの世）の道とは、どんな旅でしょうか。行く人は多いが、戻ってきたという人はいない。まことに不思議である。

○あかす夜《ゆ》やくれて　汝《な》きゃ夜や明けり
果報せつぬありば　また見きょろ

（訳）わたしども後生の夜は暮れて、あなたがたの夜は明けそめました。

よき時節が到来したら、またお目にかかります。

最後のうたは、死んで逝ったあの世（後生）からの、かんつめからのメッセージである。

奄美編

奄美・加計呂麻島於斉のガジマル

怪談〈いまじょう小〉　奄美大島

いまじょう小伝説のタブー

「昔話は詩的で伝説は歴史的である」と、ドイツのグリム兄弟は説く。たしかに、伝説は一定の土地や人物、歴史的事物と結びついている。だから、伝説は空想ではない。昔の人たちはなんらかの事実とつながっていると信じ伝承しているのである。

「いまじょう小《ぐゎ》」という娘の怪談話は、奄美が薩摩の黒糖政策によって呻吟していた薩藩時代末ごろのことという。当時薩摩は大島を七間切りに分けて藩政を行っていたが、一七四八（享保五）年、糖業政策を徹底するため区域変更を行い、大島を十三間切にした。

それによると、現瀬戸内町域は東方《ひがほう》（現古仁屋地区）、渡連方《どれんほう》（鎮西地区）、実久方《さねくほう》（実久地区）に区分された。

ヒロインのいまじょう小は、旧西方が属していた宇検間切の小名瀬《こなせ》の出身である。（なお、明治四一年の町制施行によって西方地区は宇検方に併合され、焼内〈やきうち〉村となった。そのとき小名瀬、阿鉄〈あてつ〉は古仁屋地区と一緒になって東方村になり、のちに大正五年再び区域変更があり、さらに昭和十一年町制施行によって古仁屋町となっている。それから昭和三一年に古仁屋町、西方村、鎮西村、実久村の四カ町村が合併して、今日の瀬戸内町域を形成している）

「怪談いまじょう小」の伝説は、いまじょう小をいじめ、虐殺した嘉鉄ムラの豪農恵家《めぐみ》の子孫から聞くことができた。話者のMさんは、恵家の遠縁にあたるという。親族の間でも「いまじょう小伝説」はタブーである。しかし、Mさんはよそ者のわたしに語ってくれた。

伝説は次の通りである。

いまじょう小の生家は貧乏で、彼女は渡連方の嘉鉄ムラへヤンチュ（奴隷同様の身分の奉公人）として身売りされた。彼女の奉公先はムラ一番の豪農・恵家である。

嘉鉄は古仁屋の北東部にあり、車で十五〜二〇分ほどの距離、ちょうど加計呂麻《かけろま》島の渡連と大島海峡をはさんで向き合っている。

いまじょう小は、恵家へ奉公するや主人に惚れられ、美しく生まれたがゆえに非業の死を遂げる結末となった。主人はいまじょう小に毎日のようにちょっかいを出すが、いまじょう小は富と権力を背景にした主人の求愛を常にはねのけてきたのである。

そんな夫の行動は、すぐ妻にばれてしまった。主人の心を奪ったいまじょう小への女主人の憎しみと嫉妬は常軌を逸していた。ヤンチュの中でも、いまじょう小だけを差別し、牛馬同様こき使い、絶えず怒鳴りつけ、「主人といまじょう小はできている（男女の仲になっている）」と、あらぬうわさまででっち上げた。

女主人の度重なるいじめに泣いていた彼女に同情し、励ましていたのが同じムラの義原《よしはら》家であった。

ある日、主人の留守をいいことに、女主人はいまじょう小を呼び出し「いまじょう小、お前は主人とできているだろう。ヤンチュのくせになまいきだ。白状せよ」と言いがかりをつけ、いまじょう小の髪をつかんで引きずり回し、ほうきで殴ったり蹴ったり折檻が始まったのである。

いまじょう小は「主人とは何の関係もありません。誤解です」ときっぱり否定した。激情した女主人は狂乱状態で、あらぬことか焼き火ばしを持ち出し、ついにはいまじょう小の局部に当てるという残酷極まりない仕打ちに出たのである。あまりにひどい拷問に彼女は悲鳴をあげて失神した。そして息が絶えた。いまじょう小は女主人に虐殺されたのである。

そのとき、外出先から主人が帰ってきた。主人は妻の引き起こした惨状に驚き、妻を叱責した。先ほどまで鬼のような形相だった妻はわれに返り、事態の深刻さに震えている。主人は側近や用心棒を集め「いいか、いまじょう小は流行病で急死したのだ。病死だ。他によけいなことをしゃべるでないぞ。ヤンチュたちも監視するように」と命令した。

しばらくしてヤンチュたちが騒ぎ出した。女主人に呼び出されたいまじょう小が帰ってこないことに不審を持ち、しかも病死とはあまりにおかしい、と。その日のうちにいまじょう小の亡きがらは、ムラはずれの某所に用心棒たちがひそかに運び、埋めたという。

いまじょう小の悲報は出身地の小名瀬の実家にも伝えられた（……ヤンチュのだれかが義原家にでも伝えたのだろうか）。小名瀬の親はあまりに突然のことで驚くとともに怒りと悲しみでいっぱいであった。そして、嘉鉄へ親戚とともに駆けつけ恵家に事情を問いただし、遺体の引き渡しを迫ることにした。

恵家の主人は「いまじょう小は、流行病で急死した。よい娘だったのに残念です」とうそぶいた。いまじょう小の父は「そんなことはない。昨日まで元気な娘が急死することはあり得ない」と反論し、「それでは遺体を引き渡せ」と要求した。すると恵家の主人は「いまじょう小は、すでに埋葬してある。遺体は引き渡さない」と強気に出てきた。

遺体を引き渡せば、どういう死に方をしたかすぐにばれるので、その事実を隠ぺいするため恵家は用心棒を配置し、遺体の引き渡しをかたくなに拒んだのである。

いまじょう小の親戚は激しく食い下がった。「遺体を引き渡さないのはおかしい。お前たちが殺したんだろう」と。すると、恵家の主人は「貧乏人のくせにつべこべ言うな。いまじょう小はすでに葬った。だから引き渡さない」と押し問答が続いた。

小名瀬の親戚は、このままではらちがあかないので話を中断した。そして、ムラの人たちから情報を集めることにした。その結果、いまじょう小は恵家の女主人に殺されたこと、死体はムラはずれの某所に埋められたことまで突き止めた。

恵家と小名瀬のいまじょう小の親戚との緊張は高まっていたので、小名瀬の関係者が一計を策し、恵家にある提案をした。「このままではいまじょう小も浮かばれないので、仲直りの場をもったらどうでしょうか」と。恵家はすぐにこの提案に乗り、「これはよい考えだ。では、家で酒宴の場をつくりましょう」と、和睦の話は進んだ。

これで一件落着かと思い、恵家では家の周囲やムラはずれの見張り役の用心棒を引きあげさせ、酒宴に参加させた。そのとき、小名瀬の親戚の別働隊が、ムラ人の情報にもとづいて、いまじょう小の死体が埋められている某所へひそかに行き、遺体を掘り起こしたのである。

土を掘り起こし現れたいまじょう小の亡きがらは、とてもまともに見られない傷やアザだらけで、むごい殺され方をしていた。小名瀬の親戚は無念の涙を流し、遺体を引きあげる際「いまじょう小よ、あんたは嘉鉄と恵家を徹底的に恨みなさい」と呪いをかけ、一人がいまじょう小が埋められていたその場所に青竹をさかさまに植えたのである。

小名瀬の親戚の知恵による別働隊の隠密行動によって、いまじょう小の遺体は郷里の小名瀬に運ばれ、集落の某所に手厚く葬られた。

ところが、それからが世間を震撼させる異変が嘉鉄で起こった。いまじょう小をなぶり殺した豪農・恵家の庭には雨が降らないのに血の水溜まりができたり、道端の白い犬にいまじょう小が化けたり、いまじょう小の亡霊（幽霊）が毎夜嘉鉄に現れたのである。

この異変に恵家はもちろん集落のどの家も恐怖におののき、パニックになったという。いまじょう小の亡霊は嘉鉄から古仁屋のコース、さらに古仁屋——阿鉄——小名瀬のコースに現れた。また前出のコースにはヒーダマ（凶事の前兆とされる現象。赤い火の玉と青い火の玉がある。ヒーダマは、別にタマガイとかチュダマと呼ばれ、人の霊魂であると考えられている。また、殺されたり、不幸な死に方をした死霊が現れるときはその火を遺念火と呼んでいる）が飛んだという。

いまじょう小の死んでも死にきれない怨念、遺念は、いまじょう小が奉公した嘉鉄から出身地の間を、強くさまよって現れた、と伝えられている。

その後、豪農恵家では災難が続いたという。子孫は姓を改め、生存している。

一九七四年訪問した瀬戸内町阿木名《あぎな》の義信《よし》夫さん（当時八〇歳）によれば、義さんは若いころ大工をしていたので、嘉鉄での仕事も多かったという。嘉鉄の古老から聞いた話として「いまじょう小の亡霊は、いじめ殺した側の嘉鉄だけでなく、彼女の生まれた小名瀬にも危害を加えている」とのことであった。

いまじょう小の亡霊の復讐に関する限り、奄美のどの地へ行って調べても、いじめ殺した側といじめ殺された側の両地に亡霊が現れ危害（恐怖を与える）を加えていることで一致しているから不思議である。

大和村のある学校の校長に会ったとき、次の話をしてくれた。「わたしが若いころ、嘉鉄よりもっと先の節子《せっこ》で教員をしていたとき、嘉鉄のある人が古仁屋へ用事に出かけ、帰りに嘉鉄の山道で迷い一晩中山を駆け回り、ムラの人総出で探したことがあったという。いまじょう小に迷わされたとのうわさが広まっていた。瀬戸内一帯の人々にとって、今でもいまじょう小の亡霊は固く信じられている」と、真剣に述べていた。

名瀬市の歌い手たちは「今次大戦後も、いまじょう小が風呂敷を脇にかかえ、バスに乗ったり降りたりする、とのうわさをたくさん聞いている」という。

閉ざされたシマ

いまじょう小伝説の調査ほど気が重かったことはない。なぜなら、この話だけは奄美の多くの古老が話したがらず、祟りをおそれているのである。

これまで、いまじょう小をいじめ殺した側の周辺を紹介してきたが、次は被害者側の小名瀬を訪ねることにした。小名瀬は大島海峡の沿岸にあるひなびた集落である。緊張しながら集落へ向かった。ムラの入り口には平家の落武者を葬った「七つガメ」が安置されている。人骨を入れたそのカメは旅人には異様に映り、気味悪い。樹齢二、三〇〇年のリュウキュウマツを見ながら集落へ入った。

早速区長をはじめ古老に会い、いまじょう小の話をお願いしたところ「知らない」の一点張りであった。小名瀬の人たちは知らないのではなく、話したがらないのである。あとで、他所の地で聞いた話であるが、「小名瀬でいまじょう小の話は禁物である」とのこと。さもありなんと思った。

皮肉にも、いまじょう小をいじめ殺した側の嘉鉄では限られた人ではあるが、口を開いてくれた。しかも恵家の子孫の遠縁の人物からである。ところが、いじめ殺された被害者側では口をつぐみ、何かに脅えているようであった。

小名瀬にはいまじょう小の親族の子孫が生存していることもつきとめ、なんとか話を聞きたいと考えていたが、ついにその望みは果たすことができなかった。

小名瀬で唯一区長から聞き出した情報にこんなことがあった。小名瀬ムラの山中に拝所があり、その近くを髪の長い白装束の女性が歩いているのをムラの人が見たのである。その人は「あの白装束の女は、きっといまじょう小だ」と感じ、ムラに帰りそのことを話したという。すると、あっという間に各戸に伝わりムラの人たちはパニック状態になったという。

だが、あとで分かったことであるが、真相は別にあった。髪の長い女性が山中を歩いていたことは事実である。しかし、その女性は他シマ（村落）の神ダーリ（神霊につかえるべき人が、それをこばんだり、あるいは自分の「チジ＝守霊」を悟りきれないとき、霊にふり回されている状態のこと）した女性が、小名瀬山中の拝所へ守霊を探しに来ていたのである。

小名瀬を後にして隣の阿鉄へ行き、道端のお婆さんにいまじょう小の話をしたら「たいへんな目に遭う。祟りが怖い」と断られた。わたしが沖縄から来たことを伝えると、いまじょう小の話を拒んでいたそのお婆さんは、恐がりながらも「いまじょう小の亡霊は、あの山道からよく通っていたという話です」と、通り道があったことを教えてくれた。

大島海峡を越え加計呂麻島の芝でも、いまじょう小の話はタブーであった。いずれにせよ、いまじょう小の亡霊を信じている人は多い。

これまで奄美のしまうたと並行して伝説もたくさん採集してきたが、やはり最も怖れられていたのは「いまじょう小」の怪談ものであった。嘉鉄の某所に埋められていたいまじょう小の遺体は、小名瀬の親族たちがひそかに掘り出し小名瀬に移す際、その場所にさかさまに竹を植えたことは先述した通りである。

その竹が成長して枯れ枝が一本折れるごとに嘉鉄と小名瀬で人が死ぬという恐ろしいことが続いたという。今次大戦後の話であるが、瀬戸内一帯では次のことがうわさになった。いまじょう小が虐殺され埋められた嘉鉄の某所にさかさまに植えた青竹に向かって、ムラの人が「お前の祟りは薄れたか」と言うと、その竹はわなわなと震えるように揺れたという伝承があるほど尾ひれもついている。

「いまじょう小よ、あんたは嘉鉄を徹底的に恨め」という怨念を込めて植えたさかさま植えの竹は、民俗学でいう「逆さ竹」のこと。恨みや呪いをかけ、祟りを誘発させるときに用いられる呪術である。

そこには、人間の持っている心象が感応した共同暗示が作用しているようである。当人の副意識が生んだ主観的な幻覚といえようか。特に閉ざされたシマでは、祟りを信じる精神風土が濃厚である。

いまじょう小の亡霊はいじめ殺した側の嘉鉄と被害者側の小名瀬にも及ぶという。従来の復讐の構造とは異なるところにこの伝説（怪談もの）の特色がある。なぜ、そうなっているのか古老に尋ねても答えは返ってこない。薩藩統治のヤンチュ社会の非人間的扱いの過酷さに目を向ける以外ない。それでも謎だらけである
調査の過程で、いまじょう小が葬られている小名瀬の場所を、信頼できるある人物から教えてもらった。事が事だけに、これまでわたしは口外したことがない。これから先も秘密にしておきたい。

亡霊（幽霊）について信じる信じないは、各人の自由である。『沖縄信仰用語』（比嘉朝進著）では「幽霊とは死者が成仏できないでこの世にまぼろしのように現れる現象。まつられない霊のたたり、霊魂不滅を信じる気持があるために起こる恐怖心、錯覚、幻覚による実体のないまぼろしで、客観的には存在しない幻にすぎない」という。わたしも、そのように

認識している。

奄美竜郷町秋名の平瀬マンカン

悲歌〈うらとみ〉、あるいは〈むちゃ加那〉物語

奄美大島　加計呂麻島　喜界島

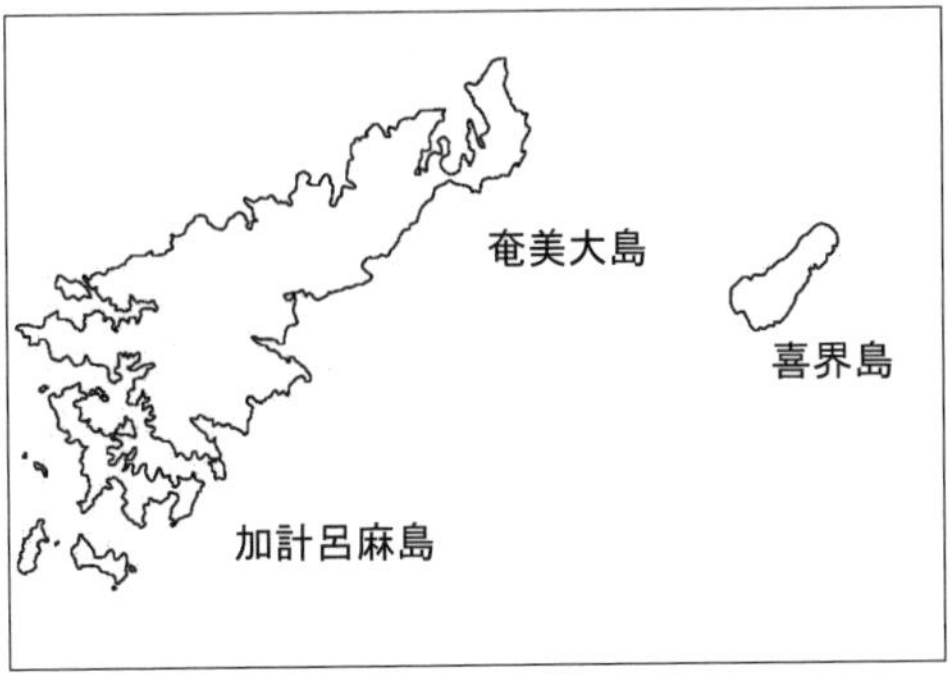

さまざまな伝承

奄美の二大悲歌といえば、「むちゃ加那節」(別名「うらとみ節」とも呼ばれていた)と「かんつめ節」が広く知られている。

奄美民謡は物語歌が多いことは、これまで何度も紹介してきた通りである。わたしは一九七五年から、本格的に奄美民謡の調査を実施した。そのとき、一死をもって強権に抗して貞操を守り抜き数奇な運命に生涯を終わった「むちゃ加那節」と物語の印象は強烈であった。その歌と物語をきっかけに、もっと徹底して調査を実施することになった。

初めての地へのガイド役を果たしてくれたのが『奄美民謡大観』(文英吉《かざりえいきち》著)や、『日本民謡の旅3』(服部龍太郎著)であった。文氏は「むちゃ加那節」のヒロインを「うらとみ」とする視点から展開。奄美における同氏の影響は大きく、名瀬市方面の文化人や歌い手たちもヒロインは「うらとみ」とイメージし、曲名を「うらとみ節」と主張していた。

一方、服部氏は一九六二年に実施した奄美調査の資料にもとづき、これまでの「うらとみ」ヒロイン説に疑問を提起し、「むちゃ加那」ヒロイン説を初めて展開していたのである。これは面白いと思い、早速歌の舞台を探訪することにした。以下瀬戸内町の生間や諸鈍、嘉鉄、奄美本島から北東二五キロの喜界島の小野津《おのつ》、住用《すみよう》村の青久から多くの伝承を集めてきた。この調査は、自分にとってかなり大がかりなものであった。

現瀬戸内町生間は、大島海峡を越えた美しい加計呂麻島の海辺のムラ。古仁屋の港から定期船や貸し船で三〇分内で渡ることができる。さらに海岸沿いに数百メートル行くと、そこが生間の集落である。むちゃ加那の子孫と伝えられている久保良治氏（当時七六歳）の家を訪ね、会うことが出来た。

まず、先に巷に流布されている「むちゃ加那」「うらとみ」伝承の概要を紹介したい。昔、加計呂麻島の生間に美しい「うらとみ」という娘がいた。彼女の美貌は島中のうわさになっていた。その頃、薩摩から派遣された役人の耳に彼女のことが入り、島役人を通じて妾になるよう工作した。ところが、しっかり者のうらとみは、役人の命令を断ったのである。体面を潰された役人は烈火の如く怒り、うらとみ一家を弾圧した。居たたまれなくなったうらとみは、家族に見守られながら「おつや舟」に乗せられ、島を脱出し、流れ流れて着いたところが喜界島の小野津であった。彼女は小野津の人々に助けられ、介抱された。

美人のうらとみの評判は喜界中に広まり、多くの男性の求婚があったが、うらとみはある農夫と結婚し、生まれた子は女で「むちゃ加那」と名付けられた。娘のむちゃ加那は母親譲りの美人で、それを妬んだ友達にアオサ採りに誘われ、海に突き落とされ溺死したという。

母親は狂乱状態で娘のむちゃ加那を探すが見あたらず、絶望して自分も入水自殺を図ったという物語である。むちゃ加那の死体は、大島本島の現住用村の青久に流れたと伝えられている。右の内容が文永吉の説くストーリーであり、名瀬市方面の歌い手たちの知るうらとみ物語である。

だが、南大島（現瀬戸内方面）へ行くと、伝承が異なるのだ。各地で興味深い伝承が次々浮上してきたので、本稿では各地の伝承をたくさん登場させたい。

研究家たちの見解

（イ）うらとみ、むちゃ加那は親子である。母がうらとみで、娘がむちゃ加那である。（文英吉著『奄美民謡大観』）

（ロ）ヒロインはむちゃ加那で、喜界島へ流される。むちゃ加那の母の名称は不詳。（茂野幽考著『奄美大島民謡誌』）

（ハ）うらとみ・むちゃ加那同一人物説。（三井喜禎著『喜界古今物語』）

（ニ）うらとみ・むちゃ加那別人説。（服部龍太郎著『日本民謡の旅3』）。むちゃ加那とアカバ加那同一人物説。

（ホ）あかば加那（母）、むちゃ加那（娘）親子説。うらとみは別人で門付芸人。（仲宗根幸市『南九州文化』20号）

地域における伝承

（イ）『日本民謡の旅3』の著者服部龍太郎氏の調査（一九六二）で、諸鈍の松平牛太郎氏の伝承から「うらとみとむちゃ加那は別人で、うらとみは門付芸人であった」との証言を紹介。

（ロ）うらとみとむちゃ加那は全くの別人。うらとみは浦々を回っていた門付芸人（回りズレ＝娼婦）で、むちゃ加那の哀話を語り歩いた人物。（生間のむちゃ加那の子孫久保良治氏、当時七六歳＝一九七五年。仲宗根幸市、比嘉加津夫、平川勝成三人の合同調査。ほかに一九八二年、久保氏の娘婿・野崎松雄氏からも同一内容を名瀬市で、仲宗根幸市が取材）むちゃ加那の母はアカバ加那との説明であった。

喜界島小野津の伝承

（イ）加計呂麻島から流れてきたのは「ますん加那」という美女で、喜界では「ひがん・ますす加那」（ますん加那）と呼んでいる。彼女は喜界に来てから「むちゃ加那」から「ますん加那」に名前をかえ、奄美大島の東方《ひがん》から来たということから「ひがんます加那」と通称呼ばれるようになった。

（ロ）正月の三日頃（餅がまだ固くならない頃）小野津の海岸に流れてきた。小野津の人々は地割の件で浜辺の畑に集まっていたところへ「おつや舟」が流れてきて、見つけられた。

（ハ）ますん加那の美しさは喜界中に広まり、役人をはじめ多くの男性の求婚があったが断り、ある農夫の妻になったとも。また妻子ある農夫の杯を受け、その人の妾になったとも……。

（ニ）喜界とヒギャ（現瀬戸内町方面）航路のマーラン船の乗組員が「ますん加那は妻子ある男と一緒になっている」と生間の両親に伝えたので、生間の両親は島流しをやった娘をあわれに思い、材木を送り、それで家を建てるような援助の手をさしのべた。ところが、次々子どもが生まれたため、ますん加那（元の名はむちゃ加那）は、その材木を売って生活費にあてた。

（ホ）ますん加那が死ぬとき、「自分の子孫には、歌のうまい者と、黒髪の美しい女性が出るでしょう。自分の墓は、大島が見えるところにつくり、そこへ葬ってほしい」との遺言があったという。遺言通り、ますん加那の墓は小野津の高台にある（近年「むちゃ加那節」が全国的に知られるようになり、公園化しているとのこと）。大村家は代々歌の上手な者が多かったと土地の人々は記憶している。大村家では、ますん加那の亡くなった旧暦の六月十六日に毎年祭祀を行っている。

一九七六年、喜界小野津大村豊七氏（故人）の妻オメナベ（七七歳）と、長男嫁、同ムラの野田千代（七七歳）、沖縄県糸満出身の比川ウメ（八七歳）から、仲宗根幸市が取材。

（へ）野田ウメの伝承

◆うらとみとむちゃ加那、ますん加那は別人である。うらとみは踊りが上手な芸人で、喜界の各ムラで踊りを教えていた。喜界には「うらとみ踊り」もある。

◆むちゃ加那の父がうらとみだと自分たちは聞いている。ますん加那同様むちゃ加那が美人であったため役人の弾圧にあい、親子ともどもヒギャ（現瀬戸内方面）から喜界へ逃げてきた。美人だったむちゃ加那は、喜界の娘たちに嫉妬され、アオサ採りに行き友に海へ突き落とされて、悲しい死に方をした。むちゃ加那の死体は、現小野津公民館のあるところに埋めたと伝えられている。

◆悲しみに暮れながら、うらとみは喜界を去り、出身地の大島へ帰った。のちに、うらとみの子孫は小野津を訪ね、むちゃ加那の遺骨を探したが発見できなかったという。

したがってやむを得ず砂を採って大島へ帰った。そのとき採った砂跡にガジマル（榕樹）を植えたという。それが成長し、枝ぶりもよく、土地の人々は「十柱《とうばや》（とぅばや）がじまる」と称し、この悲話は、のちに奄美を代表する名曲にもなっている。曲の発生は喜界島か大島本島の瀬戸内方面かは不明。

久保良治氏の伝承

（イ）一九七六年お会いした瀬戸内町生間の久保良治氏（前出）によれば、喜界島の大村豊七氏が生前、生間を訪れ「子どもが結婚するが、あんたの祖父は生間だから、そこを拝みなさいとユタに言われたので参りました」と、自分の家に一泊して帰ったことがある。

（ロ）自分の娘を島流しする人はいない。わが祖先からの言い伝えでは、あれ（おつや舟に乗せて流した件）は島流しではなく、加計呂麻から食料を積んで徳之島へ逃がす計画であったが、急に風向きが変わり、喜界島へ流れ着いたとのこと。

（ハ）「むちゃ加那」のお母さんは「アカバ加那」と言い、わたし（久保）たちが今住んでいるところが屋敷跡と伝えられている。娘のむちゃ加那は、いつ役人が来るか恐れて昼間は生間の山に登り、いつも現古仁屋方面の海を見て暮らしていた。かしこい娘であったから漁場もよく知っていたとのこと。むちゃ加那が隠れていた山は、今日でも樹木が茂っている。

揺れる伝承

（イ）喜界小野津の海で溺死したむちゃ加那の死体は、流れ流れて大島本島住用村の青久海岸に流れ着いた。土地の人たちは彼女をあわれに思い祀ったのが「むちゃ加那の墓」である。ムラでは九月にこの墓に集まり、一年中の願戻しや願立てをして、一日中浜辺で遊ぶ習わしであったという。この祭祀に使われる品は七品である。徳満夫氏が長年祭祀に当たっていたが、一九七六年他界し、現在親族の方が管理している（奄美郷土文化八号）。

（ロ）青久海岸の森下に「伝説ムチャカナの墓」との墓碑があり、ムラの人たちにその地は崇められてきた。住用村市《いち》のムラからおよそ七キロの天険の地にある青久の過疎は深刻である。十数年前の訪問でわずか一軒だけになっていた。今日ではこの伝説の里を訪ねる人は少ない。青久は太平洋に面し、集落跡の前方（浜辺）は風波よけの玉石が積まれている。（安田富博、仲田治己、仲宗根幸市ら三人の調査より）

瀬戸内町嘉鉄方面の伝承

（イ）むちゃ加那が流されたのは、旧暦の八月だと先輩たちから聞いている。旧暦八月の潮の流れは喜界島方面に流れることを漁師や船乗りたちは知っている。

（ロ）むちゃ加那が漂着したところは、喜界小野津の海岸であり、小野津の人々は海岸で八月踊りに興じていた。一人の若者が沖から流れてくる「おつや舟」を発見し、ムラの長老が温かく介抱し、身柄をあずかった。

（ハ）瀬戸内方面の古老は、むちゃ加那の物語歌を「むちゃ加那節」と呼び、「うらとみ節」とは言わない。北大島には「うらとみ節」という節回しの異なる歌があり、八月踊

り歌もある。（瀬戸内町嘉鉄の恵春義氏の証言）

三井喜禎氏の伝承

三井喜禎氏は、「うらとみ・ましゅん加那」同一人物説をとり、うらとみ（ましゅん加那）は入水自殺をしておらず、子孫は多かったと説いている。同氏によれば以下の通り。

◆ましゅん加那（長女）は、文園彰に嫁ぐ。

◆とぅばやむちゃ加那は、港武栄氏の祖先と許嫁であったが、遭難して嫁がずに早世。この女性が民謡の悲劇の主人公。

◆あー加那は、小野喜元の祖先に嫁ぐ。

◆じろ加那は、求義応、当代文雄の祖に嫁ぐ。

◆もう一人の子は名が不明。野島豊七氏十二代の祖に当たり、本家を相続したようであるが、位牌が焼かれたらしく、父の名と共に姓名不詳となっている。（三井喜禎著「喜界島古今物語」から）

◆「ひがんましゅ加那」には、五人の子がいたとの伝承である。

坂井友直氏の伝承

◆坂井友直氏も「うらとみ」「むちゃ加那」同一人物説をとっている。

◆うらとみ（むちゃ加那）は郡奉行（竿入り奉行）の求婚に対して、命をかけて断り続けたが、ついに喜界島の役人と一緒になったと記述している。（坂井友直著『喜界島史』から）

以上を見ていくと、喜界島における彼女の身の振り方は、以下の通りとなる。

（イ）役人と一緒になった
（ロ）妻を亡くした農夫の後妻になった
（ハ）妻子ある男性と一緒になった

このように、伝承は大揺れである。

歌が先か、物語が先か

物語の付随する民謡の場合、物語が先か歌が先かはよく議論されるところであり、一概に決められるものではない。なぜなら、民間に流布されている物語が、いつの間にか歌詞や曲が生まれ、歌になって広まるケースや、ある歌を説明することによって物語が誕生するケースがあるからだ。「むちゃ加那節」の場合は、物語が先にあって、それに感動した人が歌にしたように思われる。

この「むちゃ加那節」は、美しく生まれたがゆえに役人に見染められ、現地妻として求婚されるが、断ったために一家弾圧され不幸が続くというある娘の秘話が歌になったもの。ヒロインは「むちゃ加那」という加計呂麻島の可憐な娘。

奄美民謡の多くは、八八八六調四句体が基本になっている。しかし、「むちゃ加那節」は、まだ琉歌系が成長していない不定形の長歌。歌詞は全体で七節あるが、物語歌全編をうたえる伝承者は奄美にほとんどいない。ここでは第一節のみ反復（繰り返し）のある囃子詞入りの、「ハレーイ」で打ち出す唱法を紹介したい。

♪ハレーイ喜界《ききゃ》や小野津《おのてぃ》ぬヨー

ヤーレー十柱《とうばや》
(スライヨイヨー)
ハレー十柱むちゃ加那ヨーイ
(ハレートゥバヤ　ムチャカナヨーイ)
ハレーイあおさぬりはぎがヨーイ
ヤーレーイいもろ
(スラヨイヨイ)
いもろやむちゃ加那ヨーイ
(スラヨーイヨーイ)
ハーレーいもろやむちゃ加那ヨーイ

奄美民謡は歌詞だけでうたわれるのではなく、囃子詞が多く入っている。また、反復が多い。一般に囃子は本来呪力のあることばであったとみられ、神霊の分割も意味し、祭場の道中に奏した「楽《がく》」も「ハヤシ」と称している。演唱する場合の囃子詞は、昔の人たちが強調したいメッセージであったという。それが長い年月の過程で意味不明となり、作業の擬声音や歌掛けの習慣、歌全体の調子を整えるなど、多くの機能を持つようになっているようだ。

物語歌「むちゃ加那節」の右の歌は、「喜界島小野津の十柱むちゃ加那よ、アオサ（方言でアーサ、和名ヒトエグサ）採りに行きませんか。行きましょうよ、むちゃ加那」という意。

母親譲りの美女むちゃ加那は、加計呂麻島から島流しされ、漂着した喜界島小野津の娘たちに嫉妬され、アオサ採りに海へ誘われ突き落とされ溺死するというもの。関係者が必死になって探すが、見付からなかったとも。真相は分かっていない。歌の途中で親鳩、青鳩、赤牛、黒牛が登場し擬人法が用いられている。だが、その内容は難解である。

そして、歌の舞台は一転して喜界島から加計呂麻島の於斉や与路島に移り、結句で謎の人物「うらとみ」が登場する。「うらとみ」に対し、喜界島の人は「島（出身地）に戻れ」という立場と、「うらとみを戻そうとする者は島の狂者だ」とかばう立場がうたわれ、この物語歌を締めくくっている。

「むちゃ加那節」のヒロインは、当然「むちゃ加那」であることは間違いない。「うらとみ」は、別の役割を持った謎を秘める人物であることが感じられる。結句に登場する「うらとみ」の存在が、この物語歌の解明を難しくしていると言えよう。

骨格はいかにつくられたか

これまで多くの伝承を紹介してきたが、時代や地域、話者によって内容にずいぶん差異がみられる。奄美民謡の中でこんなにも伝承が複雑なのも珍しい。そのことは、この物語や歌曲がいかに多くの人々の話題になったか知ることができる。

さて、「うらとみ」「むちゃ加那」伝承を考える上で、いったいだれが今日伝えられているストーリーの骨格をつくったのか、という疑問である。調査を進めてみると、あらかた次の事実が判明してきた。「うらとみ」「むちゃ加那」像は、一九二七年発行の「奄美大島物語」（茂野幽考著）がまず挙げられよう。

茂野氏は一九二七年段階でヒロインは「むちゃ加那」であることを初めて提起。その設定は多くの奄美の人たちに支持されている。注目すべきは、その時点まで「むちゃ加那」の母について、茂野氏は全く論及していないことである。いわゆる、文英吉氏がのちに説いている「母はうらとみ」とは、記述していないのだ。

今日の「うらとみ」「むちゃ加那」像をもっと具体化したのは、一九三四年発行の『奄美民謡大観』」（文潮光著、潮光とは英吉のこと）である。文氏は、同著で「うらとみ」は母、「むちゃ加那は」娘というストーリーに仕立て上げたのだ。以下、一九四九年発行の『大奄美史』(昇曙夢著)ほか、多くの奄美の文献でも文氏の説に依拠して「うらとみ」「むちゃ加那」親子(母娘)像をイメージしてきた。

文氏は、「このうらとみ物語にはいろいろの異説もある(中略)。筆者は信ずべき古老の所説と更に歌詞そのものの示す真実性に立脚した」と述べ、初めて「うらとみ」を母親、「むちゃ加那」を娘としてストーリーの骨格をつくり定着させたのである。したがって同氏の『奄美民謡大観』でも、「うらとみ節」の曲名はあっても「むちゃ加那節」とは載っていない。

ところが、ヒギャ(現瀬戸内町方面)では「むちゃ加那節」と呼称する人は多く、そのことは昔も今も変わりない。歌の舞台となった瀬戸内一帯と名瀬市方面の認識の違いに疑問を持ったわたしたち沖縄の三人(仲宗根幸市、比嘉加津夫、平川勝成)は、加計呂麻島の調査を実施した。そして、むちゃ加那の子孫と伝えられる生間の久保良治氏を探し出し、会うことが実現したのである。

久保氏は文氏がいう、〃信ずべき古老〃に会って「むちゃ加那の母は『アカバ加那』といって代々伝えられているのに、あなたはなぜむちゃ加那のお母さんを『うらとみ』だと文英吉先生に話したのですか、と訊ねたところ、自分はその件についてよく分からないが、多分こんな内容ではなかったかと思い話しました。そのほうがおもしろい」と答えていたという。

久保氏は「昔からの言い伝えを勝手にねじまげないでほしい」と注文をつけたエピソードを語ってくれた。久保氏によれば、「うらとみは、むちゃ加那の悲しい話を語り歩いていた廻りズレ（島々を渡り歩きながら春をひさぐ娼婦）をしていた門付芸人であったと伝えられている」と証言をしている。

服部龍太郎氏の諸鈍調査の結果（うらとみは門付芸人）に刺激を受け、わたしは仲間を誘いヒロインの出生地・字生間を訪ねたのである。ところが、ヒロインは「むちゃ加那」であるのになぜ名瀬市方面の研究家や文化人、歌い手は「うらとみ」とし、歌を「うらとみ節」と称しているのか疑問を抱き、「うらとみ」「むちゃ加那」の調査に入ったことは、これまでも触れてきた通りである。

もとより、記録資料が乏しく、口碑伝承に頼らざるを得ない実情下で、どの伝承が正しくどれが正しくないと断定することはたいへん難しい。いろいろの見解があってよいのである。大切なことは、可能な限り多くの伝承を明らかにし、事の真相を究明する判断材料を公にすることであろう。そして、複数の伝承者からの聞き取りが肝要である。

瀬戸内地方と喜界島を舞台に生まれたこの哀歌は、今日では名瀬市方面の人たちも「むちゃ加那節」と呼称するようになっている。〝門付芸人〟の「うらとみ」は、曲名から消えつつある。また、笠利方面に伝わる節回しの異なる「うらとみ節」とも、はっきり区別している。調査が進展するにつれ、謎の人物うらとみの像も文英吉氏のイメージ（むちゃ加那の母親像）とは距離をおく人たちが増えつつある。

「うらとみ」「むちゃ加那」伝承の骨格はいかにつくられたかの論及は、これまであまりみられなかった。しかし、伝承の骨格づくりを精査することは内容はもとより、曲名の設定と関連してくるから重要なのである。

■奄美編

漂泊感溢れる島じまへの旅
与論島　沖永良部島　徳之島

〈与論小唄〉「十九の春」のルーツ

〈犬田布嶺節〉沖永良部島　徳之島

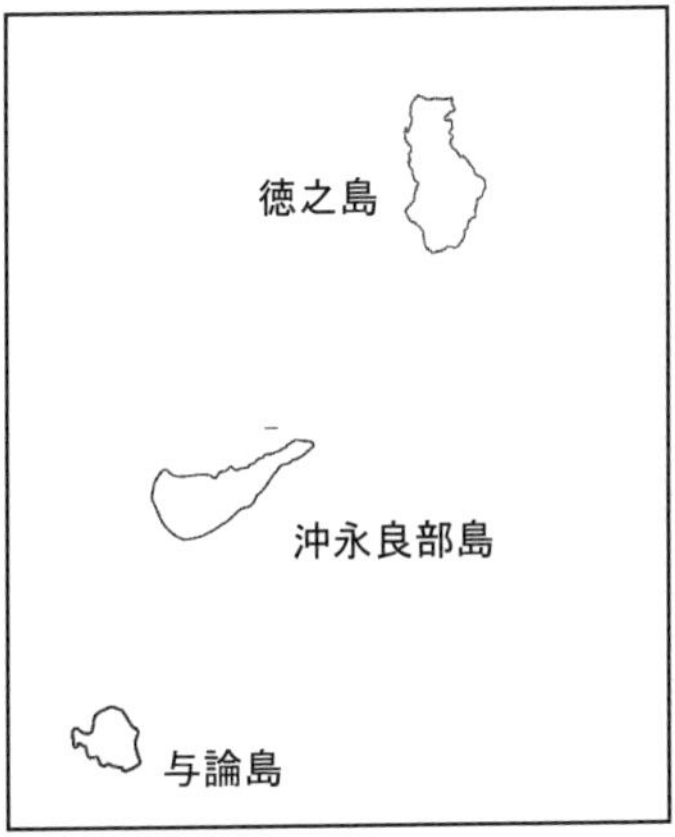

洋上から眺める徳之島

〈与論小唄〉「十九の春」のルーツ

奄美諸島への旅は船が楽しい。一九七〇年代までの奄美航路はハシケ（艀）を利用して島々へ渡る時代であった。ハシケといっても若者たちはイメージが湧かないだろう。なぜなら、今日では日本全国どこの離島でもハシケが消えて久しいからである。

ハシケというのは、波止場と本船との間を往復して貨物や旅客を運ぶ小舟のこと。船の大型化に一部の離島の港湾整備が追いつかず七〇〇〇～八〇〇〇トン級の大型船は接岸できなかったのだ。各島々の沖で旅客は本船から波の揺れるのに合わせてすばやく小舟に乗り移る。本船と小舟の間は深い海だ。ハシケの乗組員が一人ひとりの腕をつかみ手を貸すが、タイミングが悪いとあわや、と思う光景を幾度も見ている。

大海原に漂いながらハシケで港に向かうから、風波の強いときは波をまともにかぶることも少なくない。そんな不便で危険のともなう旅であったが、船がめざす島へ近づくと胸の高鳴りを禁じ得ない。

島への旅は未知の土地への期待と不安が錯綜し興奮する。船内放送で目的の島と関係ある歌が流れる。大島本島の名瀬港沖では「奄美小唄」が、徳之島の亀徳港沖では「徳之島小唄」が流れる。沖永良部島の和泊港沖では「エラブゆりの花」、そして与論島の茶花港（のちに供利港）沖では「与論小唄」や「与論慕情」が印象に残っている。与論小唄は沖縄の「十九の春」のもとになった歌である。二首だけ紹介しよう。

木の葉みたいな　我が与論
何の楽しみ　ないところ
好きなお方が　おればこそ
嫌な与論も　好きとなる

私が貴方に　来たときは
丁度十八　花ざかり
今さら離縁と　いうなれば
もとの十八　なしてくれ

与論小唄は四十八番まで伝えられているが、大正ごろまでは百番を超えていたともいう。

さて、島々の歌が流れるとめざす島が近づいた合図である。慌てて船の客は下船の準備をし、並ぶ。デッキに出ると目的の島が見え、水面と同じ高さの場所からハシケに乗り移る。港の構内にはすでに出船の客が並んでいる。港が最もにぎわうときである。

船の航行中の楽しみは大海原の向こうに島影が現れるときであり、春にはイルカが船に沿って遊泳している様子も楽しい。圧巻は夏になると、トビウオが水面すれすれに数十メートルも飛んでいる姿に出あったりすることだ。魚が飛ぶということは、ただ凄いという他ない。屋久島では呪的行為の「トビウオ招き」の儀礼があるという。

周囲海に取り巻かれている奄美や沖縄の島々は、外界と隔絶している。だが、反対に海によって外界と結ばれているとも言える。島外へ夢をふくらませ、出ていく者にとってそ

エラブユリの花畑

れ自体は別れであるが、新しい出発でもあるのだ。

エラブユリの香り

さて、今回の訪問は沖永良部島である。沖縄の古老たちは与論島と沖永良部を「ユンヌ・イラブ」とセットで呼んでいる。沖永良部はサンゴ礁が隆起してできた平坦な島。エラブユリの球根とフリージャの栽培が盛んである。ユリの島だから、もちろん切り花用のユリや観光用の大規模なユリ畑も見られ、沖永良部の印象は鮮烈そのものだ。

エラブユリは一九〇四（明治三七）年ごろ、同島に滞在していた鹿児島商人の市来崎甚兵が野生のテッポウユリの球根を買い占め、横浜に送ったのが商品化の始まりと伝えられている。現在つくられている品種は「ジョージア」と「ひのもと」の二種という。

もう一方のフリージャはあやめ科の植物。南アフリカのケープタウンが原産とのこと。一八一六年初めて英国に送られ、以来英国、イタリア、米国で改良されたようだ。日本の球根栽培は大正初期に静岡県で始まったようだが成績はふるわなかったという。そして小笠原、八丈島、伊豆大島、沖永良部へ移り今日ではユリと共にフリージャは全国的に知られている。沖永良部での本格栽培は一九五七年。

一〇年前、沖永良部の知人から宅配便でフリージャが送られてきた。驚いたのは強烈な香りである。細い植物ながら黄色い花の放つ匂いは部屋全体に広がり、きついほど。刺激が強すぎるので隣近所、友人たちにも分け与えたことがある。

また似たような経験は、これも沖永良部の知人からだが、数年前、ユリが送られてきた。つぼみの状態で室内に飾ったら、夜半花が開き、なんと強烈な匂いに起こされてしまったのだ。

〈犬田布嶺節〉 沖永良部島

沖永良部民謡はたくさんあるが、特に胸をうつのが「犬田布嶺節《いんたぶれ》」である。この歌は謎を秘めているが、古老からの聞き取り調査や琉球弧に分布する同系の歌の存在から、わたしはある仮説を考えている。まず、よく歌われている歌詞を何首か紹介しよう。

犬田布嶺ぬ　な恨みしゃや
　大島押し隠す　犬田布嶺ぬ　な恨みしゃや
　　　　　　　　　　（囃子詞略）

（意訳）徳之島伊仙の犬田布の山が恨めしい。自分にとって大切な人の住む大島をさえぎって、本当に犬田布の山が恨めしい。

島ぬたみちゅくち　年齢《とうし》寄たる親ほ
　御供しゅてぃ遊ぶ　今日ぬ誇らしゃ

（意訳）ふるさとのためにいろいろ貢献し、年齢を重ねた我が祖先を御供してお祝いできるのは、本当にうれしくおめでたい。

月に願立てぃてぃ　星に願立《にげ》てぃてぃ
　二人ぬ親がなし　百齢願お
（意訳）　月や星に祈願し、両親の長寿をわたしはいつも願っている。
石垣ぬ美らさ　徳ぬ湾ぬ石垣
　女童ぬ美らさ　亀津女童
（意訳）石垣の美しさは徳之島湾の石垣だ。娘の美しさは亀津の娘である。
（以下略）

犬田布嶺節のもとになる歌詞は、ほとんど徳之島の内容で占められている。のちに、沖永良部独自の歌詞も登場しているが……。初めて聴く犬田布嶺節は強烈な印象であった。なぜなら、この歌は沖縄の明治生まれの女性たちが好む「道之島節」と同系だったからだ。

この歌のもとは徳之島のクヤ（悔み歌）系の「ミチ節」（送り節）である。別名「二上がり」「坊主《ぼうじ》がみょうみょう」「いぬびがなし」とも呼ぶ。

これら同一のメロディーをもつ歌は、歌の目的、うたわれる場によって「トゥギ歌」「サカ歌」「ハヤリ節」とも称し、夜伽や野辺送り、呪い、グソー（後生）の歌として民衆に伝わり、ハヤリ節とも呼ばれ独特の機能（はたらき）をもっている。大島本島では「徳之島節」と呼ばれ、近年大衆の面前でもうたわれるようになった。黒糖地獄で呻吟した奄美農民の歌に、

かしゅてぃしゃんてぃん　たがたむぃなゆんが
やまとぅいちょぎりゃぬ　たむぃどぅなゆる

（意訳）このようにして働いたところで、いったいだれのためになるというのだ。すべて大和いちょぎりゃ（薩摩の絹の衣裳を着けた役人ども）のためにしかならない。

きょら生まれをぅなぐ　たがたむぃになゆんが
　やまとぅいちょぎりゃぬ　たむぃどぅなゆる

（意訳）美しく生まれた娘は、島のためにはならない。すべて薩摩の役人の現地妻にされ、だから薩摩役人のためにしかならない。

うしくがじまるや　石抱きゃにほでぃる
　おきてきびみめや　島抱きゃにほでぃる

（意訳）ウスクガジマル＝アコウは、石を抱いて生長するが、島の砂糖キビ畑の監視役は、島を抱いて島民を搾取し太っていく。と、「徳之島節」でうたわれている。

一七四六年、換糖上納制《かんとうじょうのうせい》（米で納める税を、黒糖に換算して納めること）の制定以来、大島本島、徳之島、喜界島の北三島では砂糖キビが主作となり、黒糖の生産増強が強行された。一七七七年、第一次専売制度が実施され、砂糖は全部藩が買い上げ、生産者による砂糖売買が全面禁止された。一八三〇年以降、三島砂糖総買い入れが実施され、密売の厳重取り締まりが強化されたため、島民の自由は奪われ、刑罰は言語に絶するものであったという。民謡の中には具体的刑罰の伝承もある。

流人の歌声

一八七二（明治五）年、薩摩藩による黒糖の総買い入れ制度が廃止され、以後鹿児島の大島商社が独占買い上げを画策したという。だが、ついに一八七三（明治六）年、砂糖の自由売買は許可された。薩摩藩が奄美に砂糖キビ作りを強制したのは、木曽川工事で莫大な借金を背負った藩の窮乏財政対策として位置づけられたと、歴史研究家たちは分析している。

一八七二（明治五）年、人身売買禁止令が発布され、長年苦しめられてきた奄美のヤンチュ（奴隷同様の身分の奉公人）は解放されるようになった。中には、大きな世代わりで身よりのいないヤンチュは、もとの奉公先にそのまま住まわせてくれと願い出る者もいたという。悲喜こもごもである。

奄美の製糖業は、一六九〇（元禄三）年直嘉和智《すなかわち》によって沖縄から導入されたことによるという。大和村大和浜には直嘉和智を祀った神社がある。

それでは、沖永良部の犬田布嶺節は、いつごろ、だれがつくった（うたい出した）のであろうか。記録がないので、確かなことはわからない。これがまた民謡の特徴でもある。古老伝承をたぐり寄せ、積み上げていくと、わたしの仮説は次のとおりである。

犬田布嶺節は、徳之島のミチ節系であること。ミチ節系は沖縄にも伝播して「道之島節」として分布している。また曲名や歌詞の冒頭にも「犬田布嶺」と、徳之島伊仙の犬田布のことが強調され、内容も徳之島を中心にうたわれている（ほかに、沖永良部の歌詞もあるが……）。

古老の中にも「徳之島犬田布農民のたたかいと関係あるのでは」との伝承もある。これらのことから犬田布嶺節は、犬田布農民のたたかいで沖永良部へ流罪になった流人たちが望郷の思いでうたったのではないか、ということが推察される。

犬田布騒動(一八六四年)の首謀者六人中二人は沖永良部へ流罪になっている。徳之島の郷土史研究家・小林正秀氏に生前お会いし、犬田布騒動について聞いたことがある。小林氏は「騒動という呼称は、お上がつけたものなので、犬田布農民のたたかいである」と、民衆サイドから提起していた。

たたかいの概要は次のとおりである。

一八六四年三月、犬田布の老農夫福重は砂糖を隠匿しているとの嫌疑がかけられ、犬田布仮屋に出頭を命じられた。福重が黒糖を上納できなかったのは、前年の台風で砂糖キビ畑が甚大な被害をうけたからである。福重は姪の夫、為盛(三九歳)に身代わり出頭を頼んだ。為盛は仮屋で代官所の附役《つけやく》寺師右衛門から厳しい取り調べをうけた。砂糖を隠しているとの言いがかりを、為盛は敢然とはねつけ、白状しなかった。怒った役人は為盛の膝の上に重石をのせ責め立てたという。農民らは為盛が仮屋へ連行されたとのうわさを聞き仮屋の近くに集まった。そして為盛を救出しようと、手に手に棒を持って仮屋を包囲したのである。

農民の決起に驚いて、寺師ら役人たちは、馬に乗って逃げ代官に報告した。代官所はその夜全島の島役人を集め農民の襲撃に備えたという。農民たちは弾圧に怒り各自斧、鎌、竹槍、棒を持ってツミ石というところに集結した。いわゆる農民一揆である。

決起した犬田布農民は、やがて役人の懐柔策により一人ひとり説得され、結局一週間でこの団結は崩れたという。たたかいに敗北した首謀者六人は小舟で島を脱出すべく海に出た。しかし、海上で向かい風に押し戻され二六日まで全員とらわれの身になってしまった。津口横目格の義仙、喜美武、義福の三人は大島本島へ、砂糖係の義の武、義佐美の二人は沖永良部島へ、安寿盛は与論島へそれぞれ一三年間流罪になった。為盛は無罪。

たたかいに決起した犬田布農民は、罰として犬田布からは阿権、鹿浦間の道路工事を三年間命じられたという。（参考・小林正秀『犬田布騒動』沖縄大百科事典所収）。この犬田布農民の一揆は、奄美・沖縄の近世史でも特筆されるべきできごとである。

なお、身代わり出頭し重石を膝にのせられ拷問を受けた為盛は、のちに膝が痛み出し徳之島の西方六五キロにある硫黄鳥島で温泉治療をしたと伝えられている。硫黄鳥島は沖縄県唯一の火山島。琉球王府時代硫黄は中国への貴重品目として進貢。王府はこの島だけは手放さなかった。同島は沖縄県久米島町に所属している。

さて、沖永良部へ一三年間島流しされた二人がどういう暮らしをおくったかは、ほとんど伝えられていない。犬田布嶺節に関心をもったわたしは、徳之島との関連を究明していたところ、沖永良部知名町の大山（標高二四九・九メートル）へ登る機会があった。

低平な沖永良部から徳之島を眺めると、うっすらとしか見えない。ところが、大山へ登ると徳之島が一望でき、伊仙方面がよく見えるのだ。わたしは大山に立って初めて「犬田布嶺ぬ　な恨みしゃや……」という歌詞が具体的にイメージできた。犬田布農民のたたかいで首謀者として沖永良部へ流罪となった二人は、大山や越山へ登り、ふるさとを眺めたのでは、と想像している。

大山へ同行した島の人によれば、「晴れた日には徳之島のムシロ瀬あたりの道路から車が通るのも見えます」とのことであった。

一九八〇年、わたしは沖縄のあるレコード会社のスタッフとともに、沖永良部民謡の収録のため同島を訪問した。沖永良部民謡の名人・中屋利常翁は、犬田布嶺節について「この歌をうたうときは、懐かしく祖先をしのぶようにうたいなさい」と、先輩たちから教えられたという。なるほど、この歌のルーツである徳之島のミチ節（送り節）は、葬送歌の系譜である。哀愁こもるこの歌は、沖永良部で望郷歌となり、のちに人生百般がうたわれるようになった。

流罪になった二人は、徳之島にいる肉親や大島本島へ流された仲間のことが脳裏を離れない。ふるさと犬田布や肉親、一揆に決起した仲間へのおさえ難い感情の高まりが「犬田布嶺ぬ、な恨みしゃや……」となり、自らを慰め合ってきたのではないか。

作者と思われる流人の歌声を、沖永良部の民衆は〝エラブ風〟に改作して伝承してきたのでは、というのがわたしの仮説である。

奄美編

■奄美編

〈昔いきんとう〉と糸満売りの真実

与論島

誠　打ち出しょり

沖縄の本土復帰前後から、日本本土の若者は、奄美群島の南端与論島への旅がひとつのブームになっていた。いわゆる〝カニ族〟なるリュックを背負った若者たちがどっと押し寄せたのである。のちに与論の自然の素晴らしさを伝え聞いたＯＬらが殺到するようになった。

これまで自給自足に近い生活だった島の人たちにとって、次々民宿ができ、観光をなりわいとする人が増え、与論は一気に観光の島へと変ぼうしたのだ。そのころ「東洋の海に輝く一個の真珠」というキャッチフレーズが大々的にキャンペーンされていたのである。

与論はどこも海水浴に適している。特に大金久《おおがねく》海岸と百合ガ浜の魅力は若者たちをとりこにしている。モクマオウ林のつづく大金久海岸沖合いには、潮が引くと純白の砂浜が数カ所浮き上がる。神秘な砂浜は日によって変化を見せ、海水浴や星砂をさがす若者にとって、まさに南海の楽園である。

エンゼルフィッシュの形をした与論島は、隆起サンゴ礁の小島。沖縄本島を指呼の間に望むことができ、国頭村辺戸の辺戸岬一帯は、まるで竜が海面にはっているように見える。

竜の頭は辺戸のアスモリ御嶽の岩山に見立てられ、辺戸岬が口、胴体としっぽが本島の中南部である。

見渡す限りの紺碧の海と空、島を包む帯状のリーフ、色鮮やかな熱帯魚、大自然の海水浴場の大金久海岸、百合ガ浜など、若者ならずとも与論の印象は鮮烈である。

熱帯樹の茂る民家にはハイビスカスやブーゲンビリアが咲き乱れ、どこにもみられるガジマル（榕樹）は、沖縄以上に南国らしい。島の台地にある与論城跡のある琴平神社の一角で、沖縄の本土復帰前、四月二七日の夜、国頭村の辺戸岬と呼応して焚火大会、二八日は北緯二七度線海上における海上大会が本土代表団と沖縄県祖国復帰協議会によって開催された。与論城跡（琴平神社）境内では、旧暦の三月、八月、十月の三回「与論十五夜踊り」（県指定の無形民俗文化財）が奉納される。

与論の歌遊びや宴席の冒頭を飾る歌に「昔いきんとう」がある。

打ち出《じゃ》しょりじゃしょり
　誠《まくとう》打ちじゃしょり
誠打ち出しば　ぬはじかちゅんが

「打ち出せ、打ち出しなさい。何事も真心をもって打ち出せば、何をはじをかくことがありましょうか」という意。誠実な島人のこころが、この歌には強くにじみ出ている。

茶花小学校の門に入ると、どでかい歌碑があり、上記の歌詞が刻まれている。後日、沖縄のある中学校の校長に会ったとき、その校長は「自分も与論に行ったことがあり、茶花小学校のあの大きな歌碑に度肝を抜かれた。島の民謡を教訓に生かしているのは素晴らしい教育と考えている」と、たたえていた。

与論民謡の「いきんとう」は何種類もあり、「道いきんとう」「もうらしゃいきんとう」「上《あ》ぎいきんとう」「下《さ》ぎいきんとう」がある。

「道いきんとう」は、夜半演奏、演唱すると幽霊が憑くといわれ、つつしんでいたという。このような伝承は、しんみりと聴き惚れることから、幽界からも〝関心〟を持たれたということであろうか。反対に下ぎいきんとうを演奏、演唱すると、幽霊は退散すると古老は教えてくれた。

与論の歌遊びは楽しい。古い歌と共に必ず登場するのが、はやり歌の「与論小唄」（沖縄の「十九の春」の原歌）なのだ。なにしろ、歌詞が四八首あり、一時間も延々と歌の掛け合いが展開されるから、その魅力は大きい。

それに、旅人にとって忘れられないのは「与論献奉《けんぽう》」という酒座の儀礼である。来客と主人が対面し、大杯に地酒をなみなみと注ぎ、これを一気に飲みほすのだ。盃も金杯銀杯だけでなく、なんとシャコ貝が器がわりになるからめまぐるしい。

与論献奉の由来は、琉球王朝時代世之主を迎えるとき大杯を捧げたことからきているという。若いころ、わたしも与論献奉をたくさん経験してきたが、うれしい反面いつも戦々恐々であった。

与論の人たちには大分お世話になった。トートゥガナシ（ありがとうございます）。

イチマンウイ（糸満売り）

与論訪問で強く印象に残っているのは、古老たちの中にイチマンウイやエーマウイ（糸満や八重山漁夫のところへ、身売り同様で年期奉公に出されること）された人が結構いたことである。

以下、数度目の与論訪問で知り合ったA古老のナマの証言を紹介したい。

わたしたちの先輩たちは、明治の末ごろの台風（注：明治三一年八月の台風のこと）で大被害をうけ、島人は今日明日の食べ物にも困り、すっかり生きる希望を失っていたようです。

そのころ、九州で三池炭坑（三井物産資本）の沖積み人夫の募集があり、与論では戸長（現在の町村長）を先頭に長崎県の口之津《くちのち》への集団移住が計画され、何回かに分けて実施されました。長崎へ移住しなかった人たちは、糸満売りや八重山売りをされました。

九州への集団移住や、糸満、八重山へ身売りされた人は良い方で、島に残っている人たちはそれこそ哀れでした。なぜなら、糸満売りされた人たちは三度の食事がちゃんとあったからです。

わたしは明治の末の生まれで、一六、七歳のころ糸満へ売られました。売られたといっても、年期奉公が満期になれば自由になれるのです。

わたしは糸満のある漁業経営者（オヤカタ）に預けられました。いわゆる、ヤトゥイングヮ（雇い子）です。ヤトゥイングヮになったわたしは、同じ身の上の仲間とともに、まずもぐり（潜水）から鍛えられました。

海にもぐるわけですから、生まれて初めてミーカガン（水中めがね）をつけ、訓練を受けたのです。ミーカガンを付けるのも、驚きでした。

もぐりは重労働でしたが、白いごはんや芋も満足に食べられるので幸せを感じました。なにしろ、与論では白いごはんにありつけるということはめったになかったので……。ふるさとで苦労している父母のことを考えると、耐えに耐えて海の仕事に精出しました。

オヤカタの家には娘たちの奉公もありました。彼女たちの仕事は、めし炊きや水汲み、薪ひろいが中心でした。わたしたちの訓練と仕事先は、那覇港の沖にあるチービシ（慶伊干瀬のこと。渡嘉敷村に属する無人島・ナガンヌ島・クェフ島がある低平なサンゴ礁の島）あたりの漁場でした。

そこではもぐりでイラブチャー（ブダイ類）やサザエなどを採っていました。チービシ周辺でアギヤー（追い込み漁）に参加させてもらい、先輩たちと頑張ったのです。

与論では集団によるアギヤーはなく、個人中心の漁だったので、チービシで潜水技術や追い込み漁を習いました。

話は前後しますが、潜水の訓練ではサバニからヤトゥイングヮたちが次々海中に飛び込みます。若い少年は長くもぐれないのですぐ浮き上がりサバニをつかもうとします。すると、先輩たちが櫂でたたきます。少年などは何回もたたかれ、息が途絶える寸前までもぐりの訓練をやっていました。

わたしも何べんも櫂でたたかれました。もぐりは糸満漁業で重要なので、兄貴分の先輩たちは苦しさを覚えさせるために厳しく鍛えたのでしょう。

そういえば、こんな騒動がありました。チービシで漁をしていたとき、ある一二、三歳の少年が突然グループから逃げたのです。沖縄戦後のチービシのことはわかりませんが、わたしたちが漁をしていたころのチービシは、砂丘に木や草が茂り、隠れる場所もありました。

わたしたちの一団は一〇人ぐらいで、少年をさがすため小島を丹念に回り、ついに逃げた少年を見つけました。おびえているこの少年は、漁があまりにきつくて逃げたようでした。その事件後、この少年が逃げたりすることはありませんでした。

以上がチービシ周辺を漁場としていたAさんら糸満漁夫らの活動のひとコマである。また、Aさんらはやんばるの汀間《ていーま》でも漁をしたという。民謡の「汀間とぅ」に登場する「かぬ下ぬ浜」のあるモクマオウ林あたりを拠点に活動した。

汀間の古老によれば、そこらには戦後間もなく一〇軒ほどの糸満漁夫の宿りがあったとの証言がある。Aさんの仲間たちや関係者たちが残り住んだということなのか。

さて、Aさんは仕事のあい間や夜間沖縄の民謡も覚え、与論へ伝えている。チジュヤー（浜千鳥節）、ナークニー、ジントーヨー、クイヌパナ（恋の花）など……。与論への沖縄民謡の媒体に貢献したわけである。与論出身の糸満漁夫らは、奉公が満期になると、与論へ帰り、糸満で得た潜水技術を駆使しウミンチュ（漁師）として成功したとの評価がなされている。

エーマウイされた同級生

かつてイチマンウイといえば、沖縄・奄美の子どもたちにとってたいへん恐いイメージがあった。親の言うことをきかないやんちゃ坊主たちは「イチマンウイスンドー」と言われるだけで恐怖感がふくらみ、おとなしくなって効果があったのだ。

糸満に身売りされた少年や青年らが、一人前の漁師に成長するまで如何に修業が辛いものであったか推しはかれよう。もぐりの鍛錬は、子どもたちの耳にまで届いている。

イチマンウイは決して遠い昔だけの話ではなかった。戦後の一九四八年、わたしが旧上本部村（現本部町）の新里小学校（現在廃校）一年のとき、K君というクラスメートがいた、二年の新学期になっても、なぜかKは学校に顔を見せることはなかった。冬休みに入り、わたしは今帰仁村の湧川小学校に転校しK君のことをすっかり忘れていた。

すると、ある日、本部町出身の母が「Kは親が借金をかかえていたため、エーマウイされた」という情報を教えてくれた。イチマンウイ、エーマウイは古い時代の話だと思っていたわたしは、凄いショックであった。なぜ、新しい時代に年期奉公が残存しているのか……と。

エーマウイという前時代の慣習は、次の事件でマスコミの報道もあり、多くの人々に知られるようになった。本土復帰前までの沖縄は、サンフランシスコ条約によって米国の統治下に置かれ、大統領行政命令、布令、布告などの法規によって米軍統治がなされていた。

エーマウイされた少年らに対し、米軍当局も関心を寄せ、ヤトゥイングヮを使用していた漁業者（オヤカタ）が次々摘発され、社会問題になった。級友は八歳から二〇歳までの年期奉公となっていたという。結局、K君は年期の二〇歳を待たずして皮肉にも、米軍統治下の法律によって解放されたのである。

ヤトゥイングヮとしての少年らを抱えているオヤカタたちの言い分は「一定期間少年たちを預かり、漁師としての技術を指導し、一人前に育てている」旨の主張のように覚えている。しかし、少年労働は、保護者（抱主）の義務教育違反や、少年の人権問題などで、使用者側へ厳しい批判が強かった。

のちほど解放されたK君の親戚の情報によればKは「親の都合で自分を身売りした」父親を恨み、激しく対立。やがて精神状態がおかしくなり、病院に入院したという。その後のことはまったくわからない。同級生のK君の身売り事件は、いつまでもわたしの脳裏を離れないでいる。

ところで、糸満漁業を母村として追い込み漁法を駆使し、広い範囲に拠点をおき活躍した糸満漁民の話は有名である。

わたしがお会いした種子島（中種子町増田、小字大塩屋）の平田千次さんは伊是名島の出身。家が貧しかったためイチマンウイされ、糸満漁夫としてトッピー（トビウオ）を追って北上し、種子島に永住した人物。

大塩屋には、全盛期に沖縄と与論出身の糸満漁夫が二七軒もあり、昭和三〇年代には二〇軒に減り、トビウオ漁が衰退してからはそれぞれの出身地に引き揚げるようになった。わたしが訪れた一九九四年には、わずか六軒となり、沖縄出身者は平田さん一家の一軒になっていたのである。種子島近くの馬毛島《まげ》は、トビウオの産卵地として知られている無人島。西之表港から船で三〇分。

奄美群島では、大島本島の名瀬市、瀬戸内町の古仁屋、笠利町の一部、徳之島町の亀津、天城町の平土野《へとの》などには糸満漁夫の末裔たちが住んでいる。そして八重山石垣市の新川、与那国町の久部良などは糸満ムラとして、現在も活力をみせている。

これら奄美・沖縄の糸満漁夫は数十年前から世代交代が進んでいるが、いずれも先輩たちが漁業資源を追いかけ、定住したようである。

ところで、糸満漁業が有名になったのは、アギヤー（大型の追い込み網漁）と呼ばれる斬新な漁法による漁業を考案したことにあるという。その背景にはヤトゥイングヮの存在、潜水技術があったようだ。そして、近くに那覇という大きな市場があったことが、ウミンチュのまちとしての糸満漁業を振興させ、栄えたようである。

アギヤーを可能ならあしめた大きな要因に、一八八四（明治一七）年、糸満出身の玉城保太郎によるミーカガン（水中めがね）の発明がある。この水中めがねの発明によって採貝、採草の潜水漁が一段と発達したという。

あらためて、海のヤカラムン（つわもの）糸満漁夫の活躍に拍手をおくりたい。

後書き

沖縄・渡名喜島の「道之島節」や、沖永良部の「犬田布嶺節」など、黒潮列島を帯のように結ぶ「みち節」系の歌は、徳之島の「みち節」がルーツで、哀愁の伝わる優美な歌である。本文でも述べたが、一九九九年、わたしは沖永良部島知名町の大山に登った。目的はそこから徳之島伊仙町方面を眺めるためである。天候は悪かったが、かねてからの計画だったので、頂上からあらかたの姿を見ることができた。

二〇年前ごろ、沖永良部民謡の録音で、練達の歌者・中屋利常翁に会った。中屋翁は「泣きたいような、つらい胸内を訴えるように歌いたい」と言った。犬田布農民の流人たちの立場を考えて……。

これらの体験から、歌のイメージはますます膨らんだ。しまうた探求は、現地を旅することによって、さらに広がりを見せるのである。

本書はボーダーインクのサイトで連載していた「しまうた余聞」をまとめたものである。出版に際し、同社の宮城正勝社長を始め、編集の喜納えりかさん、新城和博さんにたいへんお世話になった。ここに厚く御礼申し上げる次第である。

仲宗根幸市

仲宗根　幸市（なかそね・こういち）

1941年ラサ島(現沖大東島)に生まれる。今帰仁村育ち。沖縄大学法学科中退後、出版編集記者を経てフリーランスになる。沖縄の本土復帰(1972年)ごろ、琉球弧の「しまうた」(民謡)と祭り、民俗芸能の調査研究を志し、1974年「しまうた同好会」を結成。以後、しまうた調査研究執筆活動、ラジオのパーソナリティ、琉球弧規模のしまうた祭典などを数多くてがける。著書に『「しまうた」流れ』、『「しまうた」を追いかけて』、『カチャーシーどーい』(ともにボーダーインク刊)、『南海の歌と民俗』、『琉球列島〈しまうた〉紀行』（1，2，3集）などがある。現在、琉球弧歌謡文化の会主宰。

ボーダー新書 002
恋するしまうた　恨みのしまうた

2009年7月15日　第一刷発行

著　者　仲宗根　幸市
発行者　宮城　正勝
発行所　（有）ボーダーインク
〒902-0076 沖縄県那覇市与儀226-3
tel098-835-2777　fax098-835-2840
印　刷　株式会社　近代美術

ISBN978-4-89982-162-5 C0273
定価945円（税込）

読めば知識の泉わく

ボーダー新書

【第Ⅰ期】

『名護親方・程順則の〈琉球いろは歌〉』（安田和男）★

『恋するしまうた　恨みのしまうた』（仲宗根幸市）★

『沖縄のヤギ〈ヒージャー〉文化誌』（平川宗隆）

『これからの沖縄自治』（島袋純）

『しまうた名盤・珍盤物語』（小浜司）

『うちなー疾風怒濤人物伝』（ボーダーインク編）

『ニュー沖縄シネマパラダイス』（當間早志）

『沖縄本礼賛』（平山鉄太郎）

『壺屋焼入門』（倉成多朗）

〈以下続刊予定〉★印は既刊、タイトルは仮題含む